この野菜に
この料理

大好きな素材を
3倍おいしく

有元葉子

はじめに

豊かな野菜生活のすすめ

春先のキャベツの淡い緑色、さや豆のシャキシャキした歯ごたえ、夏の光を浴びてパチンとはじけそうなトマトの味わい、土からの贈り物であるごぼうの食感と香り……。世の中にはたくさんの食材がありますが、そのなかでもいちばん贅沢なのは「野菜」ではないかとよく思います。時期を選び、土を落とし、扱いに気を遣い、と手間がかかります。そのわりにマンネリ化したり、メイン料理にならなかったり。けれども、思いがけない調理法でとびきりおいしくなるのも、食べることで自然と体調がよくなるのも野菜の力です。

イタリアン、エスニック、和食とさまざまなレシピを紹介してきた私の料理の原点は、「野菜」と言っても過言ではありません。そして今日も、手に取った野菜の一つ一つに対して、「旬の時期だから、この料理を食べたい」とか「この食べ方を試してみたい」といった思いを抱きながらキッチンに立っています。

この本は、皆様と同じように大の野菜好きである私が、それぞれの野菜について、もっとも好きな料理を3つずつ紹介したものです。3つの料理は、同じ野菜でも使い方や味の方向や料理法に変化をつけて挙げてみました。外国で食べておいしかったものを自分流にした料理や、思いつきで試してあまりにおいしかったのでわが家の定番になった料理など、野菜料理誕生の「物語」もご紹介しています。

野菜料理は、適切な手間をかけたら、あとは余計なことはしないのがいちばん。私なりのコツや加減もできるかぎりていねいにご説明します。

こうして挙げた料理はシンプルで気軽に始められるものも多いので、一つでも二つでもあなたのキッチンで作っていただければうれしいです。

野菜には人間と同じようにそれぞれ個性がありますから、まずそれぞれの個性を知るところから始めましょう。ベスト3の料理を始める前に、各野菜の特徴や扱い方や思いも書き添えました。

一年を通して「あれが作りたい！」、「これを食べたい！」と試していくうちに、体の調子がよいことを実感します。自然の奥深さに感動しながら、「やっぱり野菜料理って面白い！」と台所に立つたびに感じます。

有元葉子

この野菜にこの料理　もくじ

a

一年中身近にあるおなじみの野菜　新ものはその時期ならではの食べ方で

b

まるごと一つを使いきりたい野菜

この本の決まり
*1カップ=200mℓ、大さじ1=15mℓ、小さじ1=5mℓです。
*著者が使うオリーブオイルは、すべてエキストラバージン・オリーブオイルです。
*レシピは基本的に、材料は脚注に、作り方は本文中に数字順で示しましたが、簡単な料理に関しては材料と作り方を、本文中に入れたところもあります。

じゃがいも＝シチリア風ポテトサラダ

↓30ページ

レモンの香りを上手に生かす＝蒸しじゃがいもが熱いうちにサーバーなどで粗く割りほぐし、レモン汁をかけるのがコツ。残ったレモン汁は、魚臭さをとるためツナにかけても。

キャベツ=キャベツと豚肉の蒸し煮 ↓36ページ

水分を含ませてから蒸す=水分をたっぷり含ませたキャベツと豚肉を厚手の鍋に入れ、塩・こしょうをしてふたをし、弱めの中火で5~8分蒸すだけ。かさが減って、思いのほかたくさんのキャベツが食べられます。

焼きキャベツ

↓38ページ

ノスタルジックな味わい＝娘が子どもの時代から作っていた懐かしい味。パリッとしたキャベツを油でジュッと焼くので、鍋ぶたなどで油跳ねをガードしながら焼くのがコツ。

キャベツ＝パセリたっぷりのキャベツサラダ ↓39ページ

新キャベツ＝新キャベツと蒸し豚スライスのみそ添え ↓41ページ

生でいただくキャベツの扱い＝キャベツはどれもそうですが、とくに新キャベツは生の食感を存分に味わいたいので、冷水につけてパリッとさせてから使うことがとくに大切。

新玉ねぎ=新玉ねぎのまるごとスープ

↓54ページ

弱火でひたすらコトコト煮て＝1人分としてまるごと1個の新玉ねぎを使います。鶏胸肉を入れたセロリのベーシックスープ（↓p107）や蒸し手羽先のスープ（↓p55）で新玉ねぎがやわらかくなるまで煮ればでき上がり。

玉ねぎ＝赤玉ねぎとビーツの酢漬け ↓46ページ

大根＝大根とひき肉の炒め煮 ↓60ページ

白菜＝さっぱり酢白菜 ↓67ページ

ダイナミックに使う＝かぼちゃの上部を切り、種とワタを除き、チーズやバターを詰めてまるごと焼いた料理。ボリューム感たっぷりでおもてなし料理にも。ふたのほうの種とワタを取るのも忘れずに。

かぼちゃ＝かぼちゃのまるごとベイク
↓71ページ

さや豆をシンプルに味わう＝シンプルな料理で美味なのは、素材が新鮮な証拠。いんげん2種類は歯ごたえを残してゆでます。器もすっきりしたものが似合います。優雅なピンクの器はペロションさんの作品。下のざるはイギリスで求めたお気に入り。

さや豆＝いんげんのオリーブオイルがけ ↓83ページ

a

一年中身近にあるおなじみの野菜
新ものはその時期ならではの食べ方で

いつも野菜かごや冷蔵庫にあるじゃがいも、キャベツ、玉ねぎは、煮物やサラダ、揚げ物のつけ合わせとして切り刻んだり、混ぜ合わせたりして、他の素材の引き立て役になってしまいがち。それはそれでいいのですが、例えば、じゃがいもならじゃがいもを主役にして、その個性を存分に生かして味わいたいと思うことがあります。

限られた時期だけの「新」がつく野菜も、その旬の時期だけのみずみずしさや香りという個性を楽しみたいですね。そのためには、シンプルな調理方法がいちばんです。

じゃがいも

じゃがいもは世界中どこにでもあります。比較的寒いところの野菜かと思っていましたが、それぞれの土地で皮が赤かったり、ほっくりしていたり、ねっとりしていたりという品種の差はあるものの、北から南までほとんどの国にあるのです。

しかも、どこの国でも日本同様、安価で身近な食材です。世界中でさまざまな食べ方があるけれども、そのどれもおいしい。際立ってはいないけれども飽きない味わいで、穀類のような食材。だからこそ世界中の人々に愛されている野菜と言ってもよいでしょう。

じゃがいもを多めにゆでたり蒸したりして保存しておけば、少しご飯が足りないというときに重宝しますし、料理に使うときも使う分だけフライパンで焼いたり、くずしたりしてすぐに使えます。

かつてポルトガルでいわし料理の専門店に入ったとき、その店名物のいわしの塩焼きと赤ワインといっしょに出てきたのが、ゴロンとまるごとゆでたじゃがいも。脂がのったいわしの塩焼きは、ゆでじゃがいもあってこそのおいしさなのです。まるで焼き魚に欠かせない日本のご飯のように思えました。

じゃがいもは品種によって加熱したときの食感が異なります。ホロリと崩れるようでほくほくとした食感の「男爵」、「インカのめざめ」、「キタアカリ」などの粉質系と、煮崩れしにくくねっとりした食感の「メークイン」、「とうや」、「レッドムーン」などの粘質系があるので、上手に使い分けましょう。一般的には、サラダやコロッケ、粉ふきいもなどには粉質系、煮込みや揚げ物には粘質系のじゃがいもが合います。

① じゃがいもと鶏肉の蒸し焼き

わが家の定番中の定番料理です。じゃがいもと肉を合わせて調理すれば主菜として重宝します。蒸し焼きにした肉から出たうまみをたっぷり吸ったじゃがいもはこってりとしていて美味。鶏肉に限らず、トンカツ用の豚肉、ソーセージや厚切りのベーコン、ラムチョップのような骨つきの肉を使ってもOKです。

厚手の鍋やふたつきのフライパンで直接蒸し焼きにしてもいいですし、鍋ごとオーブンで焼いてもいいのです。

じゃがいもは皮をむいても皮つきでも大丈夫。ポイントは大ぶりに切ること。肉とじゃがいもを交互に鍋に入れて火にかけるだけ。ほかの仕事をしている間にでき上がります。

1）じゃがいもは厚さ2cm程度（最低でも1cm以上）の輪切りにし、水に10分ほど晒《さら》す。

2）鶏肉は4～5cm角程度に切り分け、塩・こしょう各少々と、好みのハーブをまぶして下味をつける。にんにくは芯をとり、包丁の背で押しつぶし、香りを出やすくしておく。

3）厚手の鍋にEX《エキストラ》バージンオリーブオイルとにんにくを入れ、**1**のじゃがいもと**2**の鶏肉を立てかけるようにして交互に並べ入れる。

4）しっかりふたをして、弱めの中火で30～40分蒸し焼きにする。全体にほんのり焦げ色がつけばでき上がり。

最初は焦げつきを心配して、スープストックを少し入れていましたが、何回か作ってい

●じゃがいもと鶏肉の蒸し焼き
【材料の目安・4人分】
じゃがいも　4個
鶏もも肉　1枚（約300g）
にんにく　3～4片
ローズマリー、タイムなど（あれば）　適量
EXバージンオリーブオイル　大さじ2
塩・こしょう　各適量

るうちに、厚手の鍋なら水は不要、パリッと焼き色がつく程度まで焼けばいいということがわかってきました。肉やじゃがいもの水分で充分です。

じゃがいもと鶏肉を交互に並べ入れた上にフレッシュなローズマリーやタイムをのせて蒸し焼きにすると、仕上がりの香りが一段とよくなります。

カレー粉をふるとか、クローブやクミンなど少し強い香りのスパイスを使うと個性的な料理に変身しますし、肉の代わりに魚なら干ダラ（バッカラ）とか甘塩さけなどを使えば、北ヨーロッパ的な味わいになります。この時はオイルではなくバターや生クリームを使ってもおいしいですし、EXバージンオリーブオイルとにんにくをいっぱい入れて焼き、最後にレモンをぎゅっと絞るのも美味。応用は自由自在です。

じゃがいもにプラスしてにんじんやズッキーニなどの野菜を入れれば彩りもにぎやかになりますし、トマトが入ればまた違う味になります。豆の季節なら、生のグリーンピースや空豆を途中から入れれば、色彩も美しく、豆の甘みが生きてきます。

肉は塩・こしょうをしてEXバージンオリーブオイルをかけ、ハーブやスパイスを加えて前日からマリネしておくとさらにおいしくなり、ワインにも合うシンプルな洋風料理になります。

これはいくらでも応用がきく便利なレシピで、いろいろと自分のオリジナルができる料理。料理とは、手持ちの材料で自分なりに創造力を働かせて作るところが面白いもの。すると自分流の思いがけない楽しい料理が生まれるものです。

② 和風粉ふきいも

一般的な塩味の粉ふきいもと違って、ほんのり甘い和風味の粉ふきいも。それがなぜかほっとする味で大好きです。

砂糖でも和三盆でもメープルシロップでもお好きな甘みと、ちょっとの塩を足すだけで仕上げる、真っ白な粉ふきいもです。

●和風粉ふきいも
【材料の目安・4人分】
じゃがいも　4個
砂糖　大さじ1〜2
塩　少々

1）じゃがいもは男爵など粉質系のものを使い、皮をむいて大きめの一口大に切って軽く水にさらす。

2）鍋に**1**のじゃがいもを入れ、かぶるくらいの水を注いでゆで始める。

3）途中で塩少々を加え、じゃがいもがやわらかくなったらゆで汁を捨てる。

4）砂糖を加えて再び火にかけ、鍋をゆすりながら中火で加熱して粉をふかせる。

塩をほんの少しのしょうゆに替えて、うっすら染め煮にしてもおいしいです。要は、甘みも塩けもほどほどに、うっすらと甘く仕上げるとおいしさが際立ちます。いもによっては、ゆでるとすぐホロッとくずれてしまうものもありますが、そんなときは最初から砂糖と塩を入れてゆでましょう。

砂糖と塩の加減がその人の好みにより違うので、そのあたりは多少難しいのですが、迷ったときは控えめにしておくこと。甘みも塩けも足りなければ、あとで足せますから。

甘く煮るおいもの代表格はさつまいもですが、薄甘く仕上げるじゃがいものおいしさもまた格別です。

③　シチリア風ポテトサラダ

じゃがいもと言えば、まずきゅうりや玉ねぎを入れたポテトサラダを思い浮かべる方も多いと思いますが、このシチリア風ポテトサラダは多彩な食材を使って仕上げるので立派なおかずになります。

材料はすべて地中海に浮かぶシチリア島の産物。じゃがいもはシチリアでもおなじみの野菜ですが、蒸したじゃがいもに同じ産地の食材を合わせると、自然とおいしい組み合わせになるのです。

この料理には、ほくほくした粉質系のいもを皮ごと蒸して使います。蒸し器にまるごとのじゃがいもを入れ、強火で蒸すと水っぽくなりません。15～20分程度蒸したら、小さいものから串を刺し、すっと通ったものから順に取り出します。

以前はまるごと加熱するじゃがいもは皮ごとゆでていましたが、ゆで上がりを確認するために串を刺すと、そこから湯が入り、どうしても水っぽくなってしまうのが悩みの種でした。あるとき蒸したほうがよいかも、と試してみたところ、おいしくほくほくに仕上がったので、以来、皮ごと蒸して作ることにしています。

1）じゃがいもはよく洗い、まるごと蒸してすぐに皮をむき、熱いうちにフォークなどで

●シチリア風ポテトサラダ

【材料の目安・4人分】

じゃがいも　大4個
ツナ缶(80g)　2缶
赤玉ねぎ　½～1個
プチトマト　10～15個
イタリアンパセリ　2～3本
ケイパー(塩漬け)　大さじ2～3
レモン　大1個
EXバージンオリーブオイル　大さじ2～3
塩　小さじ½
こしょう　適量

★写真→p10

粗く割りほぐし、すぐにレモン汁を絞りかける。とにかく、じゃがいもが熱いうちにレモン汁またはビネガー少々をかけておくのが、おいしく仕上げるポイント。

2）魚介類はツナ缶を使用。フレーク状のものではなくて、ソリッド（かたまり）タイプやチャンク（一口大）タイプなど身がしっかりしたものが美味。缶汁は切っておく。

3）赤玉ねぎはシャキシャキ感を生かすため繊維にそって薄切りに、プチトマトは果汁が全体にからむように横半分に切る。イタリアンパセリはみじん切りに、ケイパーは水けを切っておく。

4）以上の材料をすべて合わせ、EXバージンオリーブオイルと塩・こしょうを加えて味を調える。ケイパーの塩けに応じて塩の量を加減する。

イタリアにいるときは、これほどたくさんの具をそろえず、じゃがいもとケイパーとEXバージンオリーブオイルだけのサラダもよく作っては楽しんでいます。これにカリッと焼き上げた魚か肉、それに生野菜を添えれば、じゃがいもが主食兼副菜になりますので、パンは不要です。イタリアにいるときのいつものごはんです。

【もう一言】世界中で人気のフライドポテトのスパイスあえ

じゃがいもで作るフライドポテトは、おやつやおつまみ、つけ合わせとしてじゃがいもを食べるどこの国でも、人気のある料理です。イギリスやアメリカでは、どの料理にも皿からあふれんばかりのフライドポテトが添えられているものです。ベトナムでも、イタリアでもフライドポテトはごくポピュラーな料理で、とてもおいしかった思い出があります。

中はほくほく、外はカリカリのフライドポテトの秘訣は、まずじゃがいもを塩ゆでしてから揚げることです。じゃがいもをくし形に切り、水にさらした後、熱湯に塩少々を入れ、5分ほどゆでてざるにあげます。これを180度に熱した油で香ばしいきつね色に揚げるのですが、網じゃくしを用いて熱い油から出したり入れたりを数回繰り返すとカリッと仕上がります。熱々のうちに塩少々と好みのスパイス（こしょう、クミン、コリアンダー、またはカレー粉でも）とあえて、どうぞ。

新じゃが

春先から初夏に出回る新じゃがは、その姿がかわいらしいおいもです。小さいのでまるごと料理しても早く火が通りますし、特有のみずみずしい香りが魅力です。水分が多いので、ほっくり感を味わうより、炒めたり油で揚げて楽しみます。煮くずれを起こしにくいので煮物にもします。皮が薄いので、皮つきのままで料理できるのもいいところ。

① 新じゃがのサワークリームがらめ

ぜひご紹介したいのがこの料理。じゃがいもは少し酸味のあるものと相性がよいものですが、なかでもあっさりした新じゃがは、サワークリームと合わせるとコクが出ますから相性抜群。ちょっとカロリーは高くなりますが、これがおいしいのです。

皮ごと素揚げ、あるいは、ゆでたり蒸したりした新じゃがを、薄くオイルをひいたフライパンに入れてころがしながらサワークリームをからめて、塩・こしょうで仕上げます。あっけないほど簡単でしょう。ゆでたグリーンピースを添えてもきれいですし、素揚げではなく、蒸してサワークリームをからめた新じゃがの上にいくらやキャビアなどを飾ると来客料理にもなります。

ゆでた皮つきの新じゃがにEXバージンオリーブオイル、ワインビネガー（酢でも）、塩・

こしょう各少々とたっぷりのチャイブ（細いねぎに似た香草）を加え、もしお好きならディルなども刻んで入れ、しっかりあえただけの一皿もとてもおいしくて、私は大好きです。

② サラダ風新じゃがのあえ物

生でいただく、新じゃがならではの料理です。ポイントは新じゃがをできる限り細く切ることです。そのためには、よく切れるスライサーで薄く切って、それをせん切りにすると簡単に細く切れます。

これを氷水または冷水に3〜5回くらい晒して、じゃがいものでん粉質をすっかり除きますと、まるで糸うりのような細いシャキシャキした状態のじゃがいもになります。これに三杯酢とか二杯酢、あるいはポン酢をかけ、ちょっと酢をきかせたあえ物にすると、和風サラダとしてさっぱりといただけます。

この料理を冬のでん粉質が多いじゃがいもで作るのは大変ですが、新じゃがなら楽にでき上がりますし、切り三つ葉を少し混ぜると白地にグリーンが映えてとてもきれい。

大鉢にたっぷり盛りこんでサラダにしてもよし、めいめいの小鉢に小ぶりに盛ってあえ物にしてもよし。この料理は盛りつけひとつでサラダにもあえ物にもなります。

新じゃがの時期は青柚子のシーズンですから、これを散らしても香り高くきれいで、季節限定の来客料理にしてもきっと喜んでいただけると思います。

キャベツ

私の好きなキャベツ料理は、材料も調理法もシンプルなものばかり。材料は少ないほうが手軽ということもありますが、それ以上に素材そのものの味を大切にしたいので、あれこれと入れたくないというのが持論です。

野菜のこの味とか、肉のあの味を出したいときに、じゃまになる素材やなくてもいい調味料というのがあります。そういう必要のない材料を引き算していった結果、私のレシピはシンプルになりました。けれどもシンプルな料理であればあるほど、プラスしなければいけないこともあります。それはおいしくするための一手間です。

例えば下ごしらえする際に、素材の余分な水分を出すとか、逆に水分を充分に含ませるなど、たった一手間であっても、その手間をかけることで香りや歯ざわりのよさや色あいの美しさが増し、仕上がりが変わることがあります。火加減も同じです。あらかじめ鍋をよく熱しておいたり、様子を見て途中で火を弱めるなどの作業は、素材の香りやうまみを引き出すための一手間としてとても大事なことです。

また、香りの強い野菜や香辛料を上手に使うことも大切な一手間です。香りのある野菜が入ったり、好みのスパイスがちょっと加わるだけで、いつもの味に急にメリハリがついて、格段においしく感じたりするもの。

さて、一年中店頭に並ぶキャベツですが、冬キャベツと春キャベツでは大違い。季節によって味と食感に大きな差があるので、冬場と春先では調理法を変えるのがよりキャベツをおいしく味わう秘訣です。

冬キャベツは巻きがかたく葉も厚いので、よく火を通すと甘みが出ておいしくなります。寒い季節においしい煮込み料理を作るなら絶対にこちらです。

一方、春先から出回る春キャベツは、新キャベツともよばれ、葉の巻きがゆるくてやわらかいので、生のままいただくとか、さっと火を通すだけの料理に適しています。
また、夏と秋には寒冷地で栽培した高原キャベツなどが出回り、一年中食卓を楽しませてくれます。

①キャベツと豚肉の蒸し煮

キャベツを半個使ってこの料理を作ると、いつも「1個まるごと使って作っておけばよかった」という後悔にも似た思いが……。それほど、キャベツがたくさんおいしくいただける料理です。

新鮮なキャベツは、それだけを蒸し煮にしてももちろんおいしいのですが、豚肉やベーコンまたはソーセージなどの肉類を加えるとしっかりしたおかずになるうえ、キャベツの甘みと肉の脂身の相乗効果でよりおいしくでき上がるのです。

肉の脂身はとかく敬遠されがちですが、おいしい豚肉は脂身にもうまみがあります。それを上手に利用したのがこの料理。豚肉はある程度脂分のある肩ロース肉を選び、ベーコンなら脂身の量よりも良質なものかどうかで選ぶとおいしく仕上がります。

そしてこの料理に不可欠なのは、ふたつきのしっかりした厚手の鍋。これさえあれば10分前後ででき上がりますから、帰宅後、早く食べたいときにも重宝します。

もう一つのポイントは、火にかける前に充分にキャベツに水分を含ませておくことです。キャベツがしっかり水を含んでいれば蒸すための水分は必要ありません。どうしてもキャ

●キャベツと豚肉の蒸し煮
【材料の目安・4人分】
キャベツ　½個〜小1個
豚肩ロース薄切り肉　150〜200g
塩・こしょう　各適量
★厚手鍋がない場合は、焦げつかないように大さじ3程度の水を加えて煮る。
★写真→p12

ベツを水に浸す余裕がなければ、鍋に入れるときに焦げない程度の水（50㎖程度）を加えて煮ればよいでしょう。

1）キャベツは使う分を冷水に5〜10分浸して、たっぷり水を含ませてから大きめのざく切りにし、水けをきらずに厚手の鍋に入れる。豚肉は食べやすく切る。

2）キャベツの上に豚肉を広げてのせ、塩・こしょうをかけしっかりふたをして、キャベツが好みのやわらかさになるまで5〜8分程度、弱めの中火で蒸し煮にする。

私は盛りつけ後に黒こしょうをたっぷりとひいて食べます。

時間に余裕のあるときには、弱火でコトコトと煮込む「キャベツのスープ煮」が絶品です。やわらかくなったキャベツからは甘みが出て、たくさん食べられます。

キャベツ半個は縦に四つ割り（くし形）にし、豚薄切り肉100グラムかベーコン4枚は食べやすく切ります。以上を厚手の鍋に入れ、スープストック1〜2カップ、ローリエ2枚を加え、塩・こしょう各少々をふり、ふたをして20〜30分弱火で煮込みます。

もう少し手の込んだ料理にしたいときはまるごと1個のキャベツの葉と葉の間に薄切り肉（ベーコンや味つけしたひき肉でも）をはさみ、たこ糸などで開かないように結び、スープで煮込みます。シンプルですが、なかなかのごちそうに仕上がるのがうれしい料理です。

こんなふうに料理はいろいろと考えて応用してみると、どんどん楽しくなってきます。

②　焼きキャベツ

料理と言えないほど簡単な食べ方ですが、ちょっとした驚きと美味しさのあるキャベツ料理です。

EXバージンオリーブオイルを熱した中華鍋（フライパンでもOK）でキャベツを焼き、それをウスターソースでいただくとても手軽な料理で、キャベツとウスターソース味の組み合わせがどこか懐かしい味わい。キャベツの葉はしっかりした外葉でもやわらかい内葉でもいいのですが、太い芯の部分は包丁をねかせるようにして平らに削ぎとってから焼くと、火の通りが均一になり上手に焼けます。

ポイントは、中華鍋をよく熱してからオイルを入れ、パリッとしたキャベツを一枚ずつ鍋肌に押しつけるようにしてジュッと焼くこと。つまり、キャベツの持っている水分で一気に火を通すのです。

キャベツの葉がみずみずしい状態でないと、「何これ！」となってしまい、ぜんぜんおいしくできません。少しでも葉がしなびているときは、必ず氷水に浸してパリッとさせてから焼くこと。

調理中は油が跳ねるので周囲をガードして焼くことも忘れないでください。

1）新鮮なキャベツの葉の芯を削ぎ、半分くらいの大きさに切る。中華鍋を熱し、オリーブオイルを注ぐ。

●焼きキャベツ
【材料の目安・2人分】
キャベツの葉　4枚
EXバージンオリーブオイル　大さじ2
ウスターソース　適量
★写真↓p13

2）1のキャベツの葉を1枚ずつ入れ、ヘラで鍋肌に押しつけながら火を通し、両面とも少し焼き色がつく程度に焼く。
3）器に盛り、好みのウスターソースをかけて熱々をいただく。

わが家定番のウスターソースと言えば、鎌倉・三留商店オリジナルの「薬膳ソース」。八角《はっかく》、クローブ、ウコンなどが脂っこさを消してくれて、後味のよい健康的な中濃ソースなので長年愛用しています。ただしどんなにソースがおいしくても、しなしなしたキャベツではただ焦げるばかりで台なしの味になるのでご注意を。

★三留商店は国内外の美味しい食材や調味料を扱うお店です。
☎0467-22-0045
http://www.mitome.jp/

③ パセリたっぷりのキャベツサラダ

料理の名の通り、「パセリのサラダなの？」というくらいパセリをたっぷり混ぜて風味をきかせます。それだけでいつものせん切りキャベツのサラダと大違いになるのです。

せん切りキャベツのサラダはそれまでにもよく作っていましたが、あるとき他の材料をあれこれ入れずに、パセリだけをたっぷり入れて作ってみました。と言うか、たまたまパセリの葉を茎からはずしてみじん切りにしたら思いのほか増えてしまったのです。でも「ま、いいか」と全部キャベツに混ぜてみると、キャベツの薄いグリーンにパセリの濃いグリーンが映えてなんとも言えない美しさ。風味もさわやかです。

●パセリたっぷりのキャベツサラダ
【材料の目安・4人分】
キャベツの葉　大5枚
パセリ　4～5本
EXバージンオリーブオイル　大さじ3
米酢　大さじ1強（ワインビネガーは大さじ1、米酢はやや多めに）
塩・こしょう　各適量
★写真→p14

それからはキャベツのサラダというと、このパセリたっぷりのキャベツサラダの出番が多くなりました。

1）キャベツの葉は冷水につけてパリッとさせて水けをきり、芯を削ぎとる。葉全体を重ねてくるくると巻き、端から細く切り、細かいせん切りキャベツに。

2）パセリは茎を除き、葉をまとめて端から刻み、細かいみじん切りにする。

3）ボウルに**1**のキャベツと**2**のパセリ（その割合はお好みで）を入れ、ＥＸバージンオリーブオイル、米酢またはワインビネガー（レモン汁でも可）、塩・こしょうで味を調えて器に盛る。

私はパセリがいっぱい入って「こんなにグリーンになっちゃった」というくらいが好き。ちょっとパセリが多過ぎかしらと思うぐらいでも大丈夫です。

新キャベツ

扁平な冬キャベツに比べて形が丸くて巻きがゆるい新キャベツは、早春から初夏にかけて出回ります。内部まで美しい黄緑色でやわらかいので、生か、さっと火を通すくらいでいただくと素材を生かすおいしさに出会えます。ちなみにキャベツのせん切りは、新キャベツや冬キャベツの内葉で作るとよりおいしくできます。

① 新キャベツと蒸し豚スライスのみそ添え

★写真→p15

キャベツを手でちぎって、生でいただくこの料理は、新キャベツならでは。もともとキャベツと豚肉はとても好相性。ですから、うちではよく蒸し豚をキャベツで巻いていただきますが、みそで作ったたれを添えて食べるとよりおいしくなるのです。

まず、蒸し豚を作りましょう。豚肉は少量ですとおいしくできないので、500グラム程度（1キロでもOK）の肩ロース肉のかたまりを用意し、全体に塩少々をまぶします。これを深皿に入れ、酒を大さじ3程度ふりかけて蒸気の上がった蒸し器で蒸します。串を刺して赤い汁が出なくなればでき上がり。

蒸し豚は食べやすい厚さに切り分けて器に並べ、新キャベツは生のままバリバリちぎって、たっぷり添えます。みそは好みでそのまま添えてもいいのですが、みそプラスごま油、おろしにんにく、豆板醬適量を混ぜた唐がらしみそにするのが私のお気に入り。みそではなく柚子こしょうを添えても。少しピリッとするたれでいただくところがポイントです。和風の料理にしても、中華風の料理にしてもキャベツと豚肉とみそというのは、とても合う食材です。

② 新キャベツのアボカドあえ

パリッとしているのにやわらかい新キャベツに、コクのあるアボカドソースをまとわせると「おいしい！」と思わず口をついて出てしまうくらいの絶品に仕上がります。アボカドソースは、ドレッシングのなかにアボカドを加えてトロリとさせたもの。ここに食べやすい大きさにちぎった新キャベツを入れ、アボカドがキャベツにまとわりつくように混ぜます。キャベツではなくレタスで作るのもおすすめです。

作り方をご紹介しましょう。EXバージンオリーブオイル、レモン汁、塩・こしょうを合わせたベースのフレンチドレッシングを作り、ここに熟したアボカドを粗く刻んで入れます。よく混ぜて、アボカドが少しくずれてとろりとしてきたら、キャベツ（あるいはレタス）を入れてあえます。

新キャベツの葉の表にも裏にもソースがついている状態にするとおいしく、淡いグリーン・オン・グリーンの色あいも春らしくてきれい。すがすがしさが感じられる一品に。

玉ねぎ

春先から初夏にかけて出荷される新玉ねぎは葉が青いうちに収穫しますが、皮が茶色の一般的な玉ねぎは葉がしおれてから収穫し、つるして乾燥させ、出荷されます。玉ねぎが常温でも通気性のよい場所に置けば日持ちするのはそのためです。

この玉ねぎのおもしろいところは、生でいただくと薬味にも使えるほどのピリッとした刺激やシャキシャキ感があるのに、加熱すると別物のようなうまみとやわらかい甘みのある味わいになることです。どちらも私は大好きですので、両方の料理をご紹介しましょう。

その前に、玉ねぎを切ると涙が出て困るという話をよく聞きます。私は、よく切れる包丁でなるべく手早くカットする、冷蔵庫に入れてよく冷やしてから切る、あるいは玉ねぎを冷水につけてから切るなどの工夫をしています。

① 玉ねぎのまるごとグリル

今でこそ野菜をまるごとグリルする料理をよく見かけるようになりましたが、15〜16年前、ワイン会仲間の友人宅でこの料理を作ってお出ししたときには、参加者全員に「これはなに？」と本当にびっくりされたものです。

玉ねぎを料理するというと、まず茶色の皮をむいて……と考えませんか。この料理はそ

●玉ねぎのまるごとグリル

【材料の目安・4人分】
玉ねぎ　4個
塩・こしょう　各少々
EXバージンオリーブオイル　適量
バルサミコ酢(好みで)　少々

1) 玉ねぎは皮ごと約250度のオーブンで25〜30分焼く。皮が黒くなっても構いません。竹串がすっと通るまで、または指で押してみてやわらかければOK。

2) 食べるときは焦げた皮だけをはいで、美味しいEXバージンオリーブオイルと海塩、こしょうでどうぞ。好みでバルサミコ酢少々をかけても。

の必要なし。玉ねぎは洗わず、皮もむかず、切らずにそのままオーブンに入れて焼いてください。これが一番おいしくできる方法です。

まるごと焼けば皮が中身をカバーしてくれてうまみが逃げません。

全体に黄金色に光り輝くように焼けた玉ねぎを、お皿にのせて食卓へ。フォークを入れると、ブワッと熱い湯気が立ち、なかからよい香りのとろとろの玉ねぎが出てきて、赤ワインも一段とすすむ感動的なおいしさに仕上がっています。

そもそもこの料理はイタリアの家で考えついたもの。私の住むウンブリア地方では薪の炎を使って肉や野菜を焼く伝統的な調理法があるので、どの家にも暖炉やかまどがあります。暖炉やかまどで火をおこすと薪や炭が真っ赤になったおき火ができるのですが、ここへ玉ねぎ、にんじん、アーティチョーク、いもなどの野菜を放りこんでみました。そうしたら、「なんておいしいの！」というものができてびっくり。

日本では薪を使えないのでオーブンで野菜を焼いてみると同じようにでき上がりました。以来、来客がある際によく作ります。この料理の楽なところは、料理番なしで放っておけること。オーブンがなくても、厚手でしっかりふたのできる鍋があれば充分に美味しく焼けます。

② 赤玉ねぎの酢漬け

「玉ねぎの酢漬けって、本当にベスト料理？」と思われる方も多いと思います。けれども、これは私のなかでは、特に赤玉ねぎについては、大好きで絶対はずせない料理です。

確かにこれだけでは主役級のおかずにはなり得ませんが、赤玉ねぎの酢漬けは肉料理とも魚料理とも相性がよく、ちょっと添えれば料理の味わいも満足感も増し、ワインにも合います。赤玉ねぎを切って塩を振り、酢に漬けるだけですから簡単ですし、日持ちするのも重宝する、とよいところづくしなのです。

ふつうの玉ねぎではなく赤玉ねぎを使うのは、そのほうが辛みが少なく、シャキシャキしているという魅力に加え、色が鮮やかだからです。赤玉ねぎは酢に漬けることにより、その赤みがさらに鮮やかさを増し、苦みや辛みはやわらいできます。

●赤玉ねぎの酢漬け

【材料の目安・作りやすい分量】

赤玉ねぎ　3個

塩　小さじ1強

ワインビネガー　1½カップ

水　½カップ

1）赤玉ねぎは縦半分に切り、各々切り口を下にして1～2cm幅のくし形に切る。

2）切った玉ねぎをボウルに入れ、塩をふって混ぜる。

3）ワインビネガー（または米酢）と水を注ぎ入れる。酸味が強い酢は水を加えてやわらげ、まろやかな酢はそのまま使う。

4）汁ごと保存容器に入れて一日以上漬けて味をなじませ、そのまま冷蔵保存する。加えるお酢はメーカーによって酸味の強さが違うので、量は好みで加減します。

ピクルス風ですが、甘酢漬けよりすっきりした味わいで、さまざまな料理によく合います。この酢漬けをサラダに混ぜると味はもちろん彩りもよくなりますが、焼いた肉や魚といっしょにいただいてもおいしいし、カレーやシチューに添えてもよいアクセントに、と広範囲に活用できます。

そのほかにも私がよく食卓で楽しんでいる例をご紹介しておきます。

時間がないときだったら、豚薄切り肉に塩・こしょう各少々をふって焼き、その肉で赤玉ねぎの酢漬けを巻く——これだけのことなのにとてもおいしくなるのです。

また、赤玉ねぎといっしょにビーツ（赤かぶ）を入れた酢漬けを作り、これを一皿に盛って食べるのも好きです。ビーツは圧力鍋で15分ほど、串がすっと刺さるまでゆでて皮をむき、2cm厚さのいちょう切りにし、塩もみした玉ねぎと混ぜます。これを酢と酸味をややわらげるための少量の水、メープルシロップをベースに好みのハーブやスパイスを加えた漬け汁に漬けます。1時間以上漬ければ食べられますが、長くおいても楽しめます。

ルビー色に染まった赤玉ねぎと深い赤色のビーツを合わせて盛ると、その深紅の色のインパクトは絶大。そこで来客時には、ガラスの大鉢に赤玉ねぎとビーツの酢漬けを盛って、オーブンで焼いたかたまりのお肉などを大皿でサーブします。それにグリーンサラダの大皿を合わせた三品の料理は、本当は簡単な料理ですが、並べるだけでワクワクするような大ごちそうに見えます。大皿に盛られた豪快な料理は色彩といい、味といい、お客さまには好評をいただいています。こういうことをあれこれ考えるのがお客様料理の醍醐味です。

男性のお客様はとくに興味を持ってくださるので、「酢漬けは超簡単ですし、ロースト

●赤玉ねぎとビーツの酢漬け

【材料の目安・3〜4人分】

赤玉ねぎ　1〜2個
塩　小さじ⅔
ビーツ　2個
漬け汁
　酢　⅔〜1カップ
　水　¼カップ
　メープルシロップ　大さじ2
　ローリエ　2〜3枚
　クローブ　5〜6本
　粒こしょう　小さじ1
　ポワブルロゼ（あれば）　少々
　キャラウェイシード　小さじ½

★写真→p17

ポークもオーブンを使わずにただ鍋に入れて放っておいてもできますよ」と、「豚肉のポットロースト」の作り方をちょっとお話ししたりします。すると、料理好きの男性はもちろん、ふだんお料理を作らない方まで実際に試されるようで、「自分にもできましたよ」と報告してくださり、さらにはそれ以来、料理好きになったという人も多いのです。

かたまり肉を酢漬けの野菜とともにいただくという食べ方は、私がロンドンで出会い、虜になった中東の料理に由来する発想なのかもしれません。

中東の料理では、まず酢漬け風の野菜が出てくることが多いのです。大きな皿に巨大なとうがらしや玉ねぎやビーツのようなかぶのピクルスなどがたっぷり盛られ、目の前に並びます。

次にスパイスをすり込んで焼いた肉料理が出てくるのですが、これが酢漬けの野菜とよく合います。それぞれはきわめてシンプルな料理ですが、中東ではスパイスのきいた肉料理に酢漬けにした野菜は欠かせません。この二つがそろうととてもおいしいのです。酢漬け野菜は青背の魚のグリルなどにも合います。さっと焼いた肉や魚にはじつはソースは不要で、つけ合わせの酢漬け野菜といっしょに食べることで、味のアクセントになり、栄養のバランスもとれるということです。

また、中東の酢漬け風の野菜の盛り合わせにも深紅の野菜が混じっていて、印象的でした。色というのは、料理にとってもたいへん魅力的な要素ですから上手に使いたいものです。

ここで紹介した赤玉ねぎやビーツは酢液に漬けると、深紅のすばらしく美しい色に仕上

●豚肉のポットロースト

【材料の目安・作りやすい分量】

豚ロースまたは肩ロース肉（かたまり）　500g

塩　大さじ1弱

こしょう　少々

タイム、ローズマリー　各適量

EXバージンオリーブオイル　大さじ2〜3

★豚肉の表面に塩・こしょうとハーブをすり込み、厚手の鍋にEXバージンオリーブオイルを熱し、肉の全体に焼き色をつける。しっかりふたをして弱火にし、45〜50分蒸し焼きにする。中心に串を刺して赤い汁が出てこなければOK。ふたをしたまま冷ます（余熱で火を通す）。少し休ませてから切り分ける。

がるのですが、そこでさらにこの色を引きたてる真白のサワークリームを添えると、色も味のバランスもよく、食欲が増します（写真↓p17）。

こういうことを次々に考えて料理していくと、どんどん楽しくなります。

ただし、真っ赤に熟したトマトの赤だったら夏に食べたいと思いますが、この赤玉ねぎの酢漬けの赤は濃い深紅ですから、不思議と夏には食べたいと思わないのです。秋めいてくるころになると、食べたくなってきます。やはり、食べ物の色は食欲と深くかかわっている、と実感させられる一品です。

③ 玉ねぎフライ

ふつう野菜は揚げるとどれもおいしくなりますが、とくに著しく味が変化するのは玉ねぎです。

フライにした玉ねぎはカリッとした衣の下から甘みが広がり、なぜかおいしいあとを引く味に……。生の玉ねぎの苦みや辛みが全部消え、甘みだけが残ります。どうしてこんなに甘くなるのかと思うくらいですが、これは玉ねぎ本来の甘みなのです。

調理のポイントは、あまり細かく切らないこと。輪切りでもくし形でも大きめに、輪切りなら厚さ1㎝以上に切ることです。大きく切っても火が通りやすいので、食べごたえがあっておいしいものです。

●玉ねぎフライ
【材料の目安・4人分】
玉ねぎ　大2個
小麦粉、溶き卵、パン粉　各適量
揚げ油　適量
塩　少々

1）玉ねぎは皮をむき、大なら1㎝、小なら1.5㎝厚さの輪切りにする。
2）切った玉ねぎにそれぞれ小麦粉をまぶし、溶き卵をくぐらせてパン粉をつける。パン粉はフードプロセッサーなどで細かくして使うと、口当たりのよいフライ衣になる。
3）揚げ油を170度くらいの中温に熱し、フライ衣をつけた玉ねぎを入れる。上下を返しながらパン粉がほどよいきつね色になるまで揚げる。

玉ねぎに限らず、なすも皮をむきフライにするとおいしいですし、意外に思われるかもしれませんが、かぶのフライもおいしいものです。このようにコロンとした野菜で、まるごとでは大きいと思われるものは半分に切って揚げます。

玉ねぎやなすのように表面がツルリとした野菜は衣がつきにくいものです。その場合には卵液をしっかりつけることも大事ですし、衣を二度づけにする方法もあります。ふつうに小麦粉、溶き卵、パン粉の順に衣をつけたあと、さらに溶き卵、そしてパン粉をつけます。ただし、カロリーが気になる方にはあまりおすすめできません。

好みでフライにウスターソースをかけていただくのもいいのですが、ただ塩をふっただけで充分おいしいので、私は塩でいただくことが多いです。

ところで私は、仕事をともにするスタッフたちによく〝揚げ物好き〟といわれます。もちろん私は揚げ物嫌いではなく、好きなほうです。だからといってそんなにたくさん食べることはないのですが……。でも私の揚げた揚げ物は、いつも揚げ物好きに大人気。

「私が揚げ物上手というわけではなく、油がおいしいのよ」と言っているとおり、良質の揚げ油を用いると揚げ物がおいしくなります。私は揚げ油には良質のＥＸバージンオリーブオイルを使います。多量のポリフェノールを含む良質のＥＸバージンオリーブオイルは油の質が落ちにくいので、揚げ物がカラッとおいしく揚がり、冷めても味が落ちにくいのです。「揚げ物のおいしさは油のおいしさ」ということを証明しているようなお話でしょう。

［もう一言］野菜がたっぷりいただける玉ねぎドレッシング

これがあると、どの季節でも野菜がたっぷり、おいしくいただけるというわが家の定番「玉ねぎドレッシング」。召し上がった方が「こんな便利なもの、作らない手はない！」とおっしゃるので、ご紹介しておきます。

ではその作り方。玉ねぎ小1個、中なら1/2個を粗く刻み、調味料とともに筒形のガラスびんに入れ、ハンドミキサー（バーミックスなど）で全体が白っぽく、とろりとなるまで攪拌。これで終了。簡単でしょう。

調味料の目安は、米酢3分の2カップ、ＥＸバージンオリーブオイル3分の2カップ、にんにく（好みで）1〜2片、塩小さじ1と2分の1、黒粒こしょう小さじ1です。

攪拌した後はそのガラスびんにふたをして冷蔵保存すればいいので、洗い物の手間もなし。作るのはあっという間でも使い道はとても広く、おいしい。これが長続きしている理由だと思います。

一日おくと、玉ねぎがまろやかになり、おいしくなります。お好みの野菜2〜3種類を合わせて玉ねぎドレッシングでいただいてもいいですし、焼いた肉や揚げた魚を加えれば、野菜もたっぷりとれるしっかりした主菜に。うちではハンバーグやソテーした魚、ミートローフにかけるのがお気に入りです。

このドレッシングの塩味を少し控えめに作り、しょうゆ少々を加えてもおいしいのです。これさえあれば、今日は野菜を食べたいというときに、とりあえずありあわせの野菜を刻めばすぐに食べられるので便利。野菜、肉や魚に合うのはお話ししましたが、えびやいかのゆでたものとも相性がいい絶品ドレッシングです。

新玉ねぎ

春先から5月頃まで出回っている新玉ねぎは、形は扁平で刺激もやわらか。一般の玉ねぎは収穫後に乾燥させてから出荷されますが、新玉ねぎはわずかに乾かすだけで葉が青いうちに出荷されます。ですからみずみずしく、自然の甘みやさわやかな香りが楽しめますが、そのぶん水分を多く含むため黄玉ねぎより腐りやすいという欠点もあります。早めに食べきってください。

玉ねぎ特有の刺激も黄玉ねぎより弱めとはいえ、時には「新玉ねぎなのにちょっと辛い！」という場合があります。そんな時、スライスした新玉ねぎを水に放してその刺激を除こうとしていませんか。

新玉ねぎをこのように扱うと、スライスした玉ねぎの薄い膜がヌルヌルして、いくら水をきってもおいしくありません。そんな時は、まるごと皮をむいた玉ねぎを半分に切り、10分ほど水につけたあと、水けをよく拭きとってスライスします。すると辛みがとび、ヌルヌルにもならず、気持ちよく切れます。

ちょっとしたことですが、いろいろ考えて自分流を探すのは楽しいものです。

① わかめ玉ねぎ

新玉ねぎはみずみずしくフレッシュ感があるので生で食べるのにうってつけ。ここでは定番のおそうざいをご紹介しましょう。

まず、和風のおそうざいとしておなじみの「わかめ玉ねぎ」。ちょうど新玉ねぎが旬を迎える頃、わかめも新物が出回り始めるので、自然界というのは本当によくできているものです。

みずみずしくて甘みのある新玉ねぎと歯ごたえがあり海の香りがいっぱいのわかめ。そうした旬の出会いには、その時にしか味わえない期間限定の味覚が詰まっています。

新玉ねぎは半分にして冷水につけてから水けをふきとり、ごく薄切りにします。生わかめ（さっとゆでるかゆでてある刺身用のもの）は食べやすく切ります。器に生わかめを盛り、新玉ねぎをこんもりとのせます。そこに酢じょうゆをさっとまわしかけ（酢2対しょうゆ3の割合）、上から削り節をたっぷりふります。

しょうゆの量を少し減らしてその分をごま油に替えて、豆板醤やしょうがのすりおろし少々を加えて中華風ドレッシングにし、変化球の味を楽しんでもいいです。

②玉ねぎたっぷりのせ魚のソテー

こちらはイタリアのおそうざいです。「玉ねぎたっぷりのせ魚のソテー」というのは、オリーブオイルでソテーした切身魚にみずみずしい玉ねぎのざく切りを魚が見えなくなるほど、たっぷりとかけたもので、EXバージンオリーブオイルとレモンと塩でいただきます。

切身魚はかじきまぐろ（普通のまぐろでも）をよく用いますが、さばとか太刀魚などでもおいしいです。また、あじやいわしなどの青背の魚でもいいのです。

まぐろをさっとソテーするシチリア地方の料理がベースですが、最近はすっかり自分流の食べ方になってしまいました。上にのせる玉ねぎの量がやたらに多くなってしまい、時には「魚がぜんぜん見えない」などと笑われています。こうなってしまうのは、この季節の新玉ねぎがみずみずしくておいしいからなのです。

③ 新玉ねぎのまるごとスープ

★写真→p16

この料理はふつうの玉ねぎでもできますが、シャキッとしている新玉ねぎが最適です。1人分としてまるごと1個を使います。

まず新玉ねぎの皮をむき、まるごと鍋に入れます。次にスープストックをひたひたまで加え、あとは弱火でひたすらコトコト煮て、スプーンでちぎれるくらいまでやわらかくなったら塩・こしょうをするだけ。時間はかかりますが、手間はかからない料理です。最後に一手間、パセリかセロリの葉を細かく切ってパラリと入れると、彩りがよくなるとともに、より香り高くいただけます。

玉ねぎ独特のとろけるような自然の甘さはまさに季節限定の味わい。あの玉ねぎが、煮込むだけでどうしてこんなに甘くなるのかと不思議に思うほどです。

ところでこのスープに用いるスープストックは、チキンなどのさっぱりしたスープがおすすめ。わが家では、手軽に本格的なチキンスープをとるために鶏手羽先を使っています。求めやすいうえに鶏のうまみがたっぷりのおいしいスープがとれます。

方法は簡単。鶏を蒸すために鍋に入れた水に、お好きな香味野菜を加えて作ります。香味野菜は、洋風の料理のためのスープを取るなら、セロリ、玉ねぎ、にんじん、パセリ、にんにくなどを。ミニトマトを入れても酸味のあるおいしいスープになります。中華やエスニックの料理のためのスープなら、ねぎやしょうが。蒸すための水の準備ができたら、蒸し鍋のなかに、塩をすりこんだ鶏手羽先を入れて蒸し上げます。

ゆでるとどうしても鶏肉に水が入りますし、スープもこれほど濃くはとれません。けれども、蒸せば肉に水が入りすぎることもなく、しかも、蒸すために入れた水には、鶏の肉汁がしたたりおちて、濃い味わいのスープに変わります。そして、きれいに澄んでいるのです。この方法に気がついて以来、鶏のスープと言えば手羽先を蒸してとっています。もしも手に入ればまるごと一羽の鶏や、骨付きの鶏肉でも同じように蒸しておいしいスープをとることができます。

この方法ですと蒸し鶏のほうもおいしくでき上がるので、まさに一石二鳥です。

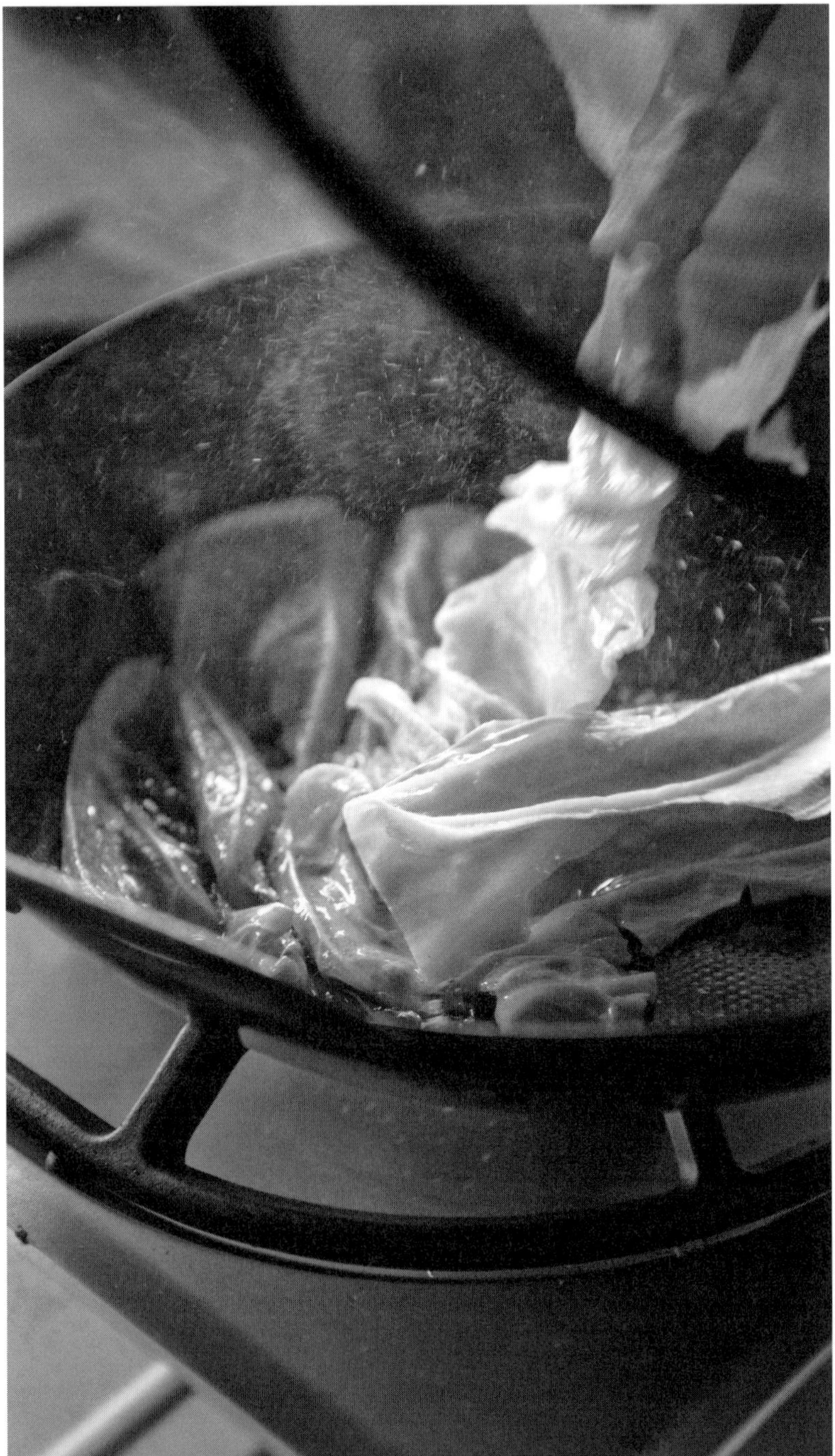

b

まるごと一つを使いきりたい野菜

大根、白菜、かぼちゃは、よく二つ割りや四つ割りで売られていますが、もしも旬の時期にその野菜のおいしさを存分に味わいたいと思ったら、ぜひまるごと一つを買い求めることをおすすめします。まるごとの野菜はカットしていないぶん空気に触れていないので、新鮮さやおいしさが保たれ、そのうえ割安です。まるごとを大胆に使ったり、余った部分を無駄なく使いきったりと工夫しているうちに、きっと料理のレパートリーも広がると思います。

大根なら部位によって味が違うことや、白菜なら白い芯の部分だけでもおいしい料理ができるといった新発見があるのも、まるごと一つを使いきることならではの楽しみだと思います。

大根

スーパーなどで葉つきの大根を見かけることは少なくなりましたが、大根の葉は根の部分に負けず劣らずおいしいのです。もし葉つきの大根が手に入ったら、それを上手に食べてみてください。軽く干して炒め物にしたりぬか漬けにすると、本当においしいなと思います。

葉つきの大根は、なるべく早く葉を切り落とします。そうしないと葉が根の水分を吸い上げて蒸発させてしまい、大根のみずみずしさがどんどん失われていくことになるのです。葉を使った料理は、六三ページでご紹介します。

葉を切り落とした白い大根は、首の部分、中央部分、根に近い先端部分で少しずつ味が違います。それぞれの部位に適した料理に使えば、一本買いした大根も飽きることなくおいしく、上手に使いきることができます。

大根は上のほうが甘く、下にいくほど辛みが強くなります。

また、緑色がかかった首の部分はよりみずみずしく甘みもあるので、サラダや大根おろしなどの生食向き。中央部分は柔かく太さや色もそろうので、おでんや含め煮などの煮物向き。根に近い先端部分は辛みが強く少し筋っぽいので、細かく切るみそ汁の実やきんぴら、漬物などにして使いきります。大根おろしも辛みを強くしたい場合は根のほうでどうぞ。

ときどき首のほうが皮が厚く、筋っぽく、根の先のほうがみずみずしいという、逆の場合もあります。

1 大根とりんごのサラダ

大根とりんごは、どちらも秋から冬にかけておいしくなる出会いものの材料ですが、じつはこの料理は偶然の出会いから生まれたもの。

以前、東北地方での料理講習会に出かけたのですが、ある出席者の方が、「ちょうど収穫したばかりのものなので、皆さんでどうぞ！」と山ほどのりんごの入った箱を差し入れてくださいました。しばらくすると今度は別の方が、「今朝抜いたうちの大根。新鮮ですからどうぞ」と、こちらもたくさんです。

思いがけない大量の贈り物にスタッフ一同驚いて顔を見合わせましたが、とにかく大根は新鮮なうちに塩をうっておこうと、ゴロゴロと少し大きめに切って、塩をまぶしておきました。翌朝、「そうだ、りんごと合わせてみましょう」とひらめき、たまたまあったレモンの汁も絞り入れ、試食してみるとなかなかの味ではありませんか！　しかも食感がとてもいい感じです。適度にしょっぱい大根と少し酸っぱくて甘いりんごが、お互いを引き立て合ったというわけです。

●大根とりんごのサラダ

【材料の目安・4人分】

大根　8〜10cm（約300g）

りんご　大1個（約300g）

塩　小さじ1〜1½（大根の重さの2%）

レモン汁　1個分（半分に切ったレモンの切り口を上にして、切り口と皮を押すようにしてから絞ると香りがいっそうよくなる）

1）大根は皮をむいて2〜3cm角に切り、塩を加えて30分以上おいて水を出したあと、よく絞る。

2）りんごはよく洗い、皮ごと2〜3cm角に切ってボウルに入れ、レモン汁をたっぷり加えて、**1**と合わせる。

こんな具合に「うーん、これはどうすればいいの？」と最初は戸惑ったものの、とりあえず食べやすく切る間に考えを巡らせて、「合わせてみましょう」とやってみた結果、大根、りんご、レモンはわが家の定番料理になってしまったサラダです。

② 大根とひき肉の炒め煮

大根の煮物を作るには、皮をむく、下ゆでする、だしをとるなど、それなりの手間と時間がかかります。上品に煮ようとするとすぐには食べられません。

でも、手早くできておいしく仕上がる方法があります。大根を炒めてから煮る方法です。大根は生から煮ると火が通るまでにかなり時間がかかりますが、油でしっかり炒めてから煮ると早くやわらかくなるからです。そのうえ、皮をつけたままのほうが煮くずれしませんし、下ゆでする、だしをとるなどの下準備もいっさい不要です。

このとき肉は骨つきの鶏もも肉や手羽肉を用い、骨から出るよいだしを大根にしみ込ませるように煮れば、さらに味わい深い炒め煮になります。入手しやすいひき肉をよく炒め、大根全体に肉のうまみがからむように煮る方法もあります。どちらもご飯に合うこっくり味のおいしい煮物に仕上がりますが、急ぐときはひき肉がおすすめです。

大根は煮物に合う中央部分を使いますが、輪切りではなく火の通りがよいように大きめの乱切りにすると、皮つきのままでも早くやわらかくなります。

●大根とひき肉の炒め煮
【材料の目安・4人分】
大根　½本(約500g)
大根葉(飾り用)　適量
鶏ひき肉　150g
しょうが　1片
ごま油　大さじ2
A　酒、みりんまたはメープルシロップ　各大さじ2
　しょうゆ　大さじ2½
水　適量
★写真→p18

1）大根は皮ごと大きめの乱切りにする。しょうがは半分をみじん切り、半分をせん切りにした針しょうがに。

2）鍋にごま油としょうがのみじん切りを入れてさっと炒め、ここへ鶏ひき肉を入れてパラパラになるまで炒めたら、1の大根を加えて、軽く色づくまで炒める。

3）2の鍋にAの調味料を加え、ひたひたまで水を注いで強火で煮立てる。アクを取って中火にし、落としぶたをしてときどき上下を返しながら汁けが少なくなるまで煮る。

4）器に盛り、さっとゆでて刻んだ大根葉を散らし、たっぷりの針しょうがを飾る。

皮ごと煮た大根は煮くずれしにくいうえ、口に含むとしっかり感があっておいしいもの。ひき肉を炒めるときは、しょうがを加えて肉の臭みを取りますが、ちょっとしょっぱくて少し甘みがある大根にしょうがの風味を効かせるとよりおいしく感じられます。

煮物は火を止めたばかりより、しばらくおいてからのほうが美味。それは、冷めるときに材料に味がしみ込むためです。ですから、ほかの料理より少し早めに作り、食べる直前に温めて出すようにするといいのです。

3 細切り大根と油揚げのみそ汁

大根の細切りは、切り方一つで驚くほど歯ざわりが異なります。繊維にそって切ればシャキシャキした歯ざわりで、細切りサラダなどに合います。まず大根を5㎝ほどの長さに切り、それを縦にして薄く切り、この色紙切りになったものを何枚か重ねてずらし端から切れば、繊維にそって切った細切りができ上がります。

一方、細切りの大根をみそ汁の実にする場合、私はやわらかい口当たりのほうが好きなので、同じ大根でも繊維を断つように切ります。まず大根を薄く輪切りにし、この輪切りを重ねて端から切っていきます。

一般にはみそ汁に使う大根の細切りは千六本《せんろっぽん》（マッチ棒）の太さと言われていますが、私はとろりと溶けるような口当たりを楽しみたいので、もう少し細く切ります。

大根だけのみそ汁のときもありますが、ここで紹介する「細切り大根と油揚げのみそ汁」は、うちのみそ汁の定番中の定番。その相性のよさに「日本に生まれてよかった」と思ってしまいます。せっかく大根の口当たりがやわらかいのに、厚くて太い幅の油揚げが汁のなかからゴロっと出てくると違和感がありますので、大根と油揚げの食感がうまくマッチするように、私なりの一手間を加えた切り方をします。

1）大根は皮をむいて薄く輪切りにし、何枚かを重ねて端から細く切る。
2）油揚げは熱湯をくぐらせて油抜きをしたあと二枚にはがし、大根に合わせてごく細く切る。
3）鍋にだし汁、大根、油揚げを入れて強火にかけ、煮立ってアクが出てきたら弱めの中火に直して、すくいとる。この一手間もすっきり味に仕上げるコツ。
4）大根がやわらかくなったら、**3**の汁少々でみそを溶いて、汁全体になじませる。
5）汁が少しふうっと煮立ってよい香りがしてきたら（煮えばなという）、火を止める。

以上のように油揚げを二枚にはがしてから細く切るのが私流。少し手間ですが、こうす

●細切り大根と油揚げのみそ汁
【材料の目安・4人分】
大根　15cm位（1/3本位）
油揚げ　1枚
煮干しのだし汁　4カップ
みそ　大さじ3〜4
★みその量はみその種類に応じて調節を。
★煮干しのだし汁は、水だしを使わない場合は、鍋に分量の水と黒い腹わたを除いた煮干しを入れ、しばらくおいて弱めの中火にかける。煮立ってアクが出たら火を弱め、アクをすくいながら4〜5分煮て、煮干しを取り出して作る。

ると大根とよく合い、うなずけるおいしさに。

みそ汁のだし汁は、煮干しでとるのが好みです。水1カップに対して煮干しが6～8尾。これで風味のあるとてもおいしいだしがとれます。前の晩に煮干しのえらの内側にある黒い腹わたの部分とえらの下の黒い部分を除き、そのまま分量の水に入れて一晩（10時間以上）おきます。これを漉せば、おいしい〝水だし〟がとれるので手軽で簡単です。時間は必要ですが、煮干しを水から煮立ててだしをとるよりくせも出ず、風味が断然よいので、私はよくこの〝水だし〟を使っています。

みそはその家のお好みのもので。ただし、あまり濃い味にすると、素材の持ち味を損ないますので、味をみながら比較的薄味に仕立てます。そのほうが、一手間をかけた材料が引き立つと思います。


【もう一言】大根の葉も皮も無駄なく使いきる方法

葉つきの大根は葉を落として保存しますが、落とした葉は捨てません。大根は葉やむいたあとの皮がおいしいので捨てられないのです。また、多くの野菜では、実の部分よりむしろ葉や皮の下のほうが栄養が多いと聞きます。

首の部分を少しつけて切り落とした葉つきの大根は、まず葉を二つに振り分けてフックなどにかけ一日ほど天日干しにし、しんなりした半干し状態にします。そうするとかさも減り、葉先のトゲトゲした部分もしんなりするので、いろいろな料理に利用しやすくなります。

半干しにした葉は刻んで汁物や煮物の最後の段階で加えれば、彩りもきれいです。刻んだ葉を空炒りしてごまを入れ、調味料で味つけしてふりかけ風にしてもいいですし、切らずに干したままの状態でぬか漬けに入れてもＯＫです。

干さずに生で使う場合は、刻んで塩でもみ、ギュッと水けを絞ります。これを炊きたてのご飯に混ぜて菜飯にするのが好きです。ほどよい塩けでご飯がおいしくいただけます。干した葉は炒め物に使ってもおいしいのです。刻んだ葉をごま油で炒めて使いますが、干さずに大根葉を炒める場合は、葉を刻んで、必ず塩もみしてから炒めます。塩もみしてよく絞り、水分を出してから炒めるのが好みです。

大根の皮も上手に使えば、おいしい料理に仕上がります。おいしくいただけるなら、大根おろしのために皮をむくときも、思いきってぶ厚くむくことができます。大根の皮のすぐ下には筋がありますが、厚めにむくとこの筋を除けるので、きめの細かい大根おろしができます。肉厚の皮は、軽く干して「きんぴら」や「炒めなます」などにしますが、皮がしっかりしている分、カリカリとした口当たりが小気味よいのです。

きんぴらは大根やにんじんの皮を干してそれぞれ食べやすい長さに切り、鍋にごま油を熱して炒めます。酒、みりん、しょうゆで調味して、汁けをとばしながら炒り煮にすればでき上がり。味つけは各家庭のお好みで。わが家では甘さ控えめのしょうゆ味です。

炒めなますも、大根やにんじんやれんこんの皮をすべて薄く細長くむいて、少し干したものを使います。まず、せん切りにしてごま油で炒め、酢、みりん、しょうゆでちょっと甘酸っぱく仕上げます。最後に半ずりの金ごまをたっぷりふれば、常備菜にはもちろん、お弁当や酒肴にもよく、出番が多い重宝する一品です。

白菜

白菜が本当においしくなるのは晩秋から冬にかけての寒い季節。この時季ならまるごと新聞紙に包み、冷暗所に立てて保存すれば、3週間～1か月近くもちます。途中、葉を一枚ずつはがして使います。切って使うと切り口から傷むので要注意。一般的に切った白菜はラップで密閉して冷蔵保存し、早めに使ったほうがよさそうです。

なかなか適当な冷暗所がない昨今は、上手に保存するのが難しいので、新鮮なうちに塩もみすることをおすすめします。残った白菜をざくざく切り、塩（白菜の重さの2～3パーセント）をふって混ぜ、冷蔵庫で一晩おきます。翌日には水けが出ているので、両手でギュッと絞って使います。すぐに食べられるし、かさが減るので置き場所もとりません。おかかじょうゆでいただけばおいしい浅漬け風ですし、めんの具としても使えます。甘酢（酢2対砂糖1）に漬けたり、炒め物にしても。炒めて油揚げあるいは豚肉を加えればメイン料理にもなります。ほどよい塩けが食欲をそそります。

白菜は外葉と内葉ではやわらかさが違うので、それぞれに向く料理があります。かための外葉はよく煮込む煮物や鍋物、炒め物や蒸し物に、黄色い内葉は生かさっと仕上げるサラダやあえ物向き。

また、一枚の葉でも薄緑色の葉と厚みのある白い芯では火の通り方が違いますので、長く煮たり蒸したりするのでなければ、ちょっとした工夫が必要です。炒め物や軽く煮るなら、まず白い芯の部分をV字形にカットし、包丁をねかせるようにして削ぎ切りにし、葉はその倍の大きさに切り分けます。加熱するときは、まず芯の部分を先に入れ、次に時間差で葉の部分を入れるようにすると、均一に火が通って仕上がります。

新鮮な白菜の内葉は生でサラダにするとおいしいのですが、私は「白菜と豚肉のおかずサラダ」（↓p68）のように白い芯の部分だけをサラダにするのも大好きです。

①　白菜と豚肉の重ね鍋

最近は白菜鍋もさまざまな種類のものが出ていますが、この「白菜と豚肉の重ね鍋」は30～40年ほど前に親戚の家で教わり、いく度も作っているうちにわが家流のスタイルになったものです。

白菜と豚肉を何層にも重ねて、白菜一株を全部入れてしまうという鍋なので、大勢でお鍋を囲むときには最適です。もちろん2～3人なら半量にして作ればいいのですが、どちらにしても白菜、豚バラ肉、しょうがをとろとろになるまで煮込むので、あとで考えると自分でもびっくりするほどたくさんの白菜がお腹に収まってしまうのです。

私が工夫したのは、あらかじめ白菜を蒸しゆでにすること。そのゆで汁も必ずとっておいて、肉やしょうがを煮込む鍋のなかに入れます。白菜は蒸しゆでにすることによってかさが減り、白菜一株が鍋のなかにすんなり収まります。

1）白菜は縦に四つ割りにして鍋に横にして詰め、水1カップを注ぐ。ふたをして弱めの中火で15分ほど蒸しゆでにし、粗熱がとれたら6～7cm長さに切る。ゆで汁はとっておく。

2）豚バラ肉は長さを2～3等分にする。

3）土鍋の底に**1**の白菜の4分の1量を並べて豚肉、しょうがの3分の1を広げて重ね、塩・こしょうを軽くふる。これをさらに2回くり返して3段重ねにし、最後に白菜を

●白菜と豚肉の重ね鍋
【材料の目安・1株分】
白菜　1株
豚バラ薄切り肉　300～400g
しょうが（せん切り）　3片分
塩・黒こしょう・水　各適量
酒　大さじ2

重ねる。

4）**1**のゆで汁と酒を注ぎ、水を足してひたひたにし、強火にかける。

5）煮立ったら弱めの中火にし、アクを除いて40〜50分煮て仕上げに黒こしょうをひく。

これは寒くなると必ず作る、わが家の冬の定番料理です。

白菜をまるごと1個買うと、包丁で切り分けるのが大変ですが、まず白菜の根元に深い切れ目（四つ割りなら十文字に）を入れ、その部分から両手でバリバリと葉の方向に裂くようにして分けます。包丁で全部を切り分けるよりずっと楽でくずも出ません。

切り分けたものを全部使いきれない場合には、四つ割りにした大きさのまま干し白菜（小さく切ると干からびる）にすると、野菜のうまみが凝縮され、おいしさが増します。切り口を上にしてざるに並べ、ひなたに4〜5時間干してしんなりしたものを煮たり、炒めたり、塩をしてあえ物などに利用。干すことでかさも減り、いくらでも食べられます。

② さっぱり酢白菜

あっさりした料理がもう一品ほしいなというときに、知っていると重宝する料理です。とにかく手間いらずで、いつでも気軽にできますから。

白菜をまずある程度の大きさに切り分けて鍋に入れ、水を少し注いで蒸しゆでにし、蒸し上がりに酢をかけるだけ。ですから「さっぱり酢白菜」というちょっと変わった名前をつけたのですが、そうとしか言いようがない料理なのです。

1） 白菜は縦4分の1に切り、鍋に切り口を上にして入れる。分量の水を加え、ふたをして弱めの中火で15分前後蒸しゆでにする。

2） 芯の部分に串を刺してすっと通るようになったら酢を回しかけ、火を止める。

3） 軽く絞って水けをきり、5～6㎝長さに切り分ける。

4） 器に盛り、辛子としょうゆをつけて食べる。

仕上げに辛子じょうゆをつけていただくと、さっぱりと上品な味わい。そのせいか、白菜が意外にたくさんいただける料理です。例えば餃子の日にこういうおかずがあってもいいと思いますが、そのときは餃子のたれでいただいてもおいしいでしょう。ピリッとパンチのあるたれが、甘くやわらかい白菜を引き立てます。

●さっぱり酢白菜

【材料の目安・4人分】

白菜　½株

水　½カップ

酢　¼カップ

しょうゆ、練り辛子　各適量

★写真→p19

③ 白菜と豚肉のおかずサラダ

サラダという名がついていますが、メインディッシュとして出せる料理です。しかも使う野菜は白菜の芯の部分だけ。この料理は白菜の白い部分を使ってこそ、おいしい。その甘みと歯ごたえが、しょうゆ味の豚肉と相性抜群なのです。

白菜は繊維にそって細切りにし、冷水につけて充分にパリッとさせます。そのシャキシャキ感が小気味よく、芯の部分ってこんなに甘みがあるのかと気づかされます。

●白菜と豚肉のおかずサラダ

【材料の目安・4人分】

白菜の芯(白い部分)　6〜7枚分

豚かたまり肉(肩ロースまたはバラ肉)　300g

しょうゆ　大さじ4

粗びき黒こしょう　適量

揚げ油　適量

1）白菜の白い部分は縦に5cm長さの細切りにし、冷水でパリッとさせて水けをきる。

2）深めの揚げ鍋に豚のかたまり肉を入れ、常温の揚げ油を肉が半分以上浸るように注ぐ。中火にかけてしっかりふたをし、肉の表面がカリカリになるまで20〜25分くらい揚げる。途中1回、上下を返す。ふたは裏の水滴が油に落ちないように、水平にして静かにはずす。

3）2の揚げ豚は油からあげたものをボウルに取り、しょうゆと黒こしょうをかける。ときどき上下を返し、全体によく味をなじませるようにする。

4）3の肉を薄切りにし、器に1の白菜と交互に盛り、3の残った汁をかける。

豚肉は、かたまり肉を常温の冷たい油から揚げると少し時間がかかりますが、外はカリカリに香ばしく、中はとてもジューシーに仕上がるので、そのときを想像しながら揚げ鍋にうきうきとして向かいます。

料理は頭を柔軟にし、その場の状況に応じて臨機応変に作る——これが楽しく、新しい発見につながります。

この料理は、何も味のついていない生の白菜の白い部分と、しょうゆ味の豚肉をあえるようにして食べるのがミソ。揚げ豚にかけたしょうゆと黒こしょう、これに肉汁がからんでドレッシングになります。

かぼちゃ

かぼちゃは世界各地で栽培されていて、その土地により形や色もさまざまなものがあります。日本ではかぼちゃと言えば、日本かぼちゃと西洋かぼちゃが代表的なものです。

日本かぼちゃはゴツゴツして深い溝のある表皮が特徴で、黒皮かぼちゃ、菊座、京都特産の鹿ケ谷《しかがたに》かぼちゃといった品種があります。水けが多くねっとりし、色や甘みも薄く上品。格式ある日本料理店には欠かせません。

西洋かぼちゃは一般的に栗かぼちゃとよばれ、黒皮栗かぼちゃ（えびすかぼちゃとも）をはじめ、赤皮、青皮、白皮といった栗かぼちゃなどもあり、なかなかカラフルです。栗かぼちゃは栗のようなほくほく感と強い甘みが好まれて、今では家庭料理に使われるかぼちゃの大半を占めるとか。

かぼちゃはまるごと冷暗所に保存すれば長くもち、水分が抜けて甘みや栄養も増します。ところが一度カットすると種やワタの部分からすぐに傷むので、必ずこれらをきれいに取り除き、ラップ材でぴったり包んで冷蔵保存してください。


昔は夏から初秋に収穫したかぼちゃを冬までとっておき、冬至に食べて風邪を予防する習慣がありました。野菜のなかでもトップクラスと言われるかぼちゃの栄養価の高さを物語るものでしょう。

ところでまるごとのかぼちゃを切り分けるのはなかなか骨が折れる作業です。電子レンジで4〜5分加熱し、少しやわらかくしてから切るのも一案ですが、私はやっぱり生の状態で切りたい。そこでまな板を低い台か床の上に置いて安定させ、そこに置いたかぼちゃに刃渡りの長いしっかりした包丁を当て、自分の体重をかけながら切ります。切る前にかぼちゃの中央から両サイドに向けて少し刃先を入れ、すじ目をつけておけばより切りやすいです。

①かぼちゃのまるごとベイク

かぼちゃとかさつまいもはバターやチーズ、生クリームなどをふんだんに使ったスイーツにもよく使われます。そう！　かぼちゃは乳製品との相性がとてもいいのです。

くり抜いたかぼちゃに生クリームやチーズを詰めて、まるごとオーブン焼きにしたこの料理は、濃厚でダイナミックに仕上がるので、おもてなし料理にもぴったりです。

1）かぼちゃは上部を切り、スプーンなどで種とワタを取り除く。そこに生クリーム、バター、チーズ、塩、こしょう、ナツメグを詰める。

2）**1**を耐熱皿にのせ、同じく種とワタを除いたふたを横に立てかけるようにして、200度のオーブンで40～50分（大きさによる）、かぼちゃの表面が少しこんがりする程度まで焼く。

3）焼き上がったらかぼちゃの身をスプーンなどでかきとり、チーズをからめて食べる。バターやチーズにはけっこう塩けがあるので、最初の塩・こしょうは控えめにしておき、いただくときに各自がかけるようにするといいでしょう。

この料理にはほくほくとした食感と甘みを持つ西洋かぼちゃが合います。

ふだん私はあまり油っぽいものを食べないのですが、時にはこういう料理を食べたくなります。いつもカロリーを気にしてばかりだとストレスになるし、それより、おいしいものを食べたいという気持ちが強いので。

●かぼちゃのまるごとベイク
【材料の目安・1個分】
かぼちゃ　中1個
生クリーム　200ml
溶けるチーズ　100～130g
塩、こしょう、ナツメグ、バター　各適量
★チーズは一般的には、パルメザンチーズ（おろす）のような溶けるタイプのものを。好みでグリュイエールチーズやエメンタールチーズなどでもよい。
★写真→p20

カロリーが高いものや油分の多いものを食べたときには、私は短くて朝昼晩の三食、長くて三日くらいのスパンで調整し、体調を戻すようにしています。

② 揚げかぼちゃのにんにく風味

かぼちゃの料理は、男性陣に敬遠されがち。けれども、「揚げかぼちゃのにんにく風味」はビールにも合いますし、「甘く煮たものはちょっと」とおっしゃる方にも人気の一皿です。

素揚げしたかぼちゃに炒めたにんにくをまぶした料理ですが、かぼちゃとにんにくをともに炒めるのとはまた違った香ばしさがあって、それがたまらないのです。

この料理はかぼちゃをくし形に切っていくのですが、切りにくいくらい皮が固いかぼちゃのほうがおいしくできるので、切り方のコツをお話しします。固いかぼちゃを思い通りの厚さのくし形に切るのはとても難しいものです。上手に切るには、最初に自分が切りたい厚みに対し、少しだけ包丁を刺し入れて固定しておくのがコツ。そのまま包丁を刺したかぼちゃでまな板をトントンと叩くと、自然に刃が下に向かいます。こうすると、力を入れずず楽に切れます。このとき包丁はある程度大きいものを使うこと。刃が真直ぐで厚みのある菜切り包丁や中華包丁が切りやすいです。

「揚げかぼちゃのにんにく風味」は、皮が切りやすいやわらかいかぼちゃで作ってもあ

●揚げかぼちゃのにんにく風味
【材料の目安・4人分】
かぼちゃ　1/4個(400〜500g)
にんにく　2片
炒め油　大さじ1/2〜1
揚げ油　適量
塩・こしょう　各少々

まりおいしくありません。切ってみないと分からないので、いろいろな大変さの向こうにおいしさが待っている料理だとも言えます。

1）かぼちゃは種とワタを除き、厚さ5㎜のくし形に切る。にんにくはみじん切りにする。

2）揚げ油が少し低温（150度）のうちに**1**のかぼちゃを入れ、ときどき返しながら竹串がすっと通るまでゆっくり揚げ、かぼちゃの表面がきつね色になったら油をきる。

3）フライパンに油と**1**のにんにくを入れ、弱火できつね色になるまで炒める。

4）**2**のかぼちゃに塩・こしょうをふり、**3**のにんにくをまぶして器に盛る。

にんにくを炒める時間がない場合は、にんにくをスライスしてかぼちゃ同様、油で素揚げにして使ってもいいのです。もうひと味足したいときには唐辛子を加えたり、じゃこや桜えびの素揚げを加えます。かぼちゃにこれをまぶすのは意外かも！　でもおいしい――状況に応じて、臨機応変に楽しんでみてください。

③ かぼちゃの甘煮

甘くほっくりと煮上げたかぼちゃの煮物が大好きです。かぼちゃのシーズンになると、必ず作ります。この料理もやはり皮が固くて切りにくいかぼちゃほどおいしくできるので、おいしそうなかぼちゃを見つけると、多めに作りおきしているほどです。

ふつうかぼちゃは収穫後、貯蔵庫で追熟させて出荷されます。畑で完熟するのを待って

●かぼちゃの甘煮
【材料の目安・4人分】
かぼちゃ　1/4個（400〜500g）
砂糖　大さじ3〜4
塩　小さじ1/3

収穫されたものに出会ったら、ぜひ、そのかぼちゃを試してみてください。たっぷり太陽の光を浴びてますから、甘くて栄養豊富、濃い味わいのかぼちゃだと思います。

かぼちゃを煮るときは、いつも母の時代から愛用している厚手アルミ製の無水鍋を使っています。この鍋なら水もあまり入れず、10分程度でほっくりと煮えるのです。ふつうの鍋で煮る場合は、材料が焦げないようにかぼちゃから出た水分に少し水をプラス（大さじ3程度）して煮ます。そうすることにより、かぼちゃが粉ふき状になり、鍋底はカラメル状になって、ホクホクとおいしく仕上がるのです。

1）かぼちゃは種とワタを除いて大きめの乱切りにし、厚手の鍋に入れる。砂糖と塩をふり入れて全体にすり込むように混ぜ、表面に水分が出てくるまで20〜30分おく。

2）**1**に大さじ2〜3程度の水（材料外）を加えて火にかける。煮立ってきたらしっかりふたをして、弱めの火で10分ほど蒸し煮にする。

3）串を刺してすっと通れば、ふたをせずに2〜3分煮て、最後に鍋をゆすって仕上げる。

ところでかぼちゃの甘煮については、ちょっとほろ苦い思い出があります。

もう何十年も前になりますが、当時はわが家では包丁とぎのおじいさんに来てもらっていました。その時代の包丁は、今のようなステンレス鋼材ではなく、鉄製のものが主で錆びやすく、上手にとぐには専門的な技術が必要だったのです。

ある昼時に、そのおじいさんにかぼちゃの甘煮をお出ししたことがありました。

ところが、一切れ口にしたとたん「こんなの食べられない」と言われてしまい、がっかり。「わしはやわらかい水けのあるかぼちゃが大好きで、こんなホクホクしたかぼちゃは喉につまって食べられんよ」。

それを聞いて、「そういうこともあるんだ！」と、自分のかぼちゃの甘煮が「絶対おいしい」と思い込んでいたのを反省しました。自分が好きだから他の人も好きだとは限らないと……。

きっとおじいさんは、たっぷりのおだしでやわらかく煮た、日本かぼちゃの煮物が好きだったのですね。西洋かぼちゃは水も入れないほどほっくり煮るので、ぜんぜん違う味わいに仕上がります。どちらもおいしいけれど、最近は菊座などの日本かぼちゃが入手しにくく淋しいです。だからこのホクホクの甘煮を食べると、いつもその包丁とぎのおじいさんのことを思い出します。

「これがダメな人もいるんだわ。こんなにおいしいのに……」と。

C

春先から初夏にかけての香りや季節感を楽しむ野菜

春の訪れとともに新芽が出はじめるグリーンアスパラとかさやえんどう、そら豆、さやいんげんといったさや豆類。生命力あふれる季節には、力強く伸びて初々しい香りを放つ薄緑色の野菜で食卓を彩ってください。きっと元気をもらえると思います。

また、セロリは、その独特な香りやシャキシャキした食感のおかげで、料理する食材全体をとてもさわやかな味わいに仕上げてくれます。白い茎はもちろん、緑色の葉も上手に利用すると、意外な効果を発揮するものです。

グリーンアスパラ

最近ではグリーンのもの以外に、ホワイト、ミニ、パープル（濃紫色）などさまざまな品種が出回っているアスパラガス。私たちがふだん食べているアスパラガスは、じつは葉や枝が出てくる以前の若芽と茎を摘み採ったもの。若さゆえの繊細さで鮮度が落ちやすい野菜ですから、入手したらなるべく新鮮なうちに使ってください。

グリーンアスパラは穂先が締まって緑が鮮やかなものが新鮮ですが、せっかく新鮮なものを選んでもゆで時間が長すぎると歯ごたえが悪くなり、がっかりです。そこでちょっとしたゆで方のコツをご紹介しておきます。

沸騰したたっぷりの湯に塩ひとつまみを加えて、まず穂先を何本か持って立たせるようにして根元を湯につけます。10～15秒数えたら、次に全体を横にして湯に沈め、色が鮮やかに変わったらざるに上げ、冷水につけて色止めをします。涼しい日は、冷水につけずに室温でさます「おか上げ」にしたほうが甘みが感じられます。

根元がかたい場合は1～2㎝包丁でカットするか、手でポキンと折って。さらに根元のほうの3分の1くらいを、包丁やピーラーを使って薄く皮をむきます。三角形のはかまも取り除いてからゆでると、筋っぽさやゴワゴワした部分がなくなり全体がおいしくいただけます。

① 焼きアスパラのおひたし

グリーンアスパラは本来、おいしく塩ゆでして、すぐに食べるか、軽く塩・こしょうで

●焼きアスパラのおひたし
【材料の目安・4人分】
グリーンアスパラ　8～9本
だし汁
昆布（5㎝）　1枚
かつお削り節　20g
水　1½カップ（300㎖）
塩　小さじ⅔
しょうゆ　小さじ⅓
★だし汁については一七四ページも参照。

炒めるのが、いちばんおいしいと思います。このようにごくシンプルな料理にこそもっともその素材のもつ味わいが現れるという野菜がいくつかあり、アスパラガスやさや豆などは、まさにそうです。ここでは、おいしさを素のままで楽しめるシンプルなレシピのうち、和風の料理をご紹介しましょう。

グリーンアスパラをほどよい焦げ色がつくまで網焼きにし、昆布とかつお節でとったおいしいだし汁にジュッとつけます。この料理のポイントは、ほどよく焼けたアスパラのこうばしさとおいしいだしのコンビネーションです。冷やしすぎないようにして召し上がってください。さわやかな香りと香ばしさが口いっぱいに広がり、しみじみ季節を感じることができると思います。

1）鍋に昆布と水を入れ、しばらくおいて弱火にかける。昆布に小さい泡が上がり、かすかにゆれたら、60度に保ちながら30分ほど煮出し、昆布を取り出す。この昆布だしを熱してかつお削り節を加え、菜箸などで静かに液に浸し入れて火を止める。

2）7～10分おいて削り節が沈むのを待ち、ざるに絞ったさらしのふきんを敷いてあける。そのだし汁を鍋に戻し、塩としょうゆで味つけし、軽く煮立てて火を止める。別器に移し、さめたら冷蔵庫に入れて冷やしておく。

3）グリーンアスパラはかたい根元の部分を切り落とす。

4）グリルなどの網に**3**を並べ、中火で全体にほどよい焼き色がつくまで返しながら焼く。

5）**4**の熱いアスパラを**2**のだし汁につけ、しばらくおく。最後の段階で熱々のアスパラをだしにジュッとつけることでおいしいだし汁がアスパラ全体にしみるので、アスパラは必ず熱いうちにつけてください。

この料理は一から作ろうとすると、少々重荷に思えるでしょう。でも、だし汁の作りおきさえあれば簡単です。春が来たことを教えてくれるアスパラは季節の贈り物です。

② アスパラガスのパスタ

主な材料はグリーンアスパラだけというパスタで、私も大好きなパスタの一つです。グリーンアスパラの穂先はもちろん、下のほうのかたい部分まで全部を使います。下の部分はちょっとかたいので、その部分はミキサーにかけ、おいしいソースにします。

1）たっぷりの湯に塩ひとつまみを加え、沸騰したところにグリーンアスパラの根元をつけ、次に全体を湯に沈めてかためにゆで上げる。

2）ゆで上がったアスパラは穂先と軸の部分に切り分け、穂先は取っておき、軸の部分は1〜2㎝長さのぶつ切りにする。エシャロットまたは玉ねぎはみじん切りにする。

3）鍋にバターとEXバージンオリーブオイルを入れ、**2**のみじん切り野菜を加えて炒める。少し透明になってきたところに、**2**のぶつ切りのアスパラも加えて軽く炒め、ふたをして、やわらかくなるまで蒸し煮にする。

4）その間にたっぷりの湯に塩を加えてパスタをゆで始め、アルデンテにゆで上げる。

5）**3**の野菜をハンドミキサー（バーミックスなど）またはフードプロセッサーにかけて

●アスパラガスのパスタ
【材料の目安・2人分】
グリーンアスパラ　8本
塩　ひとつまみ
エシャロット　2本（または玉ねぎ¼個）
バター　大さじ2
EXバージンオリーブオイル　大さじ2
好みのパスタ　160〜180g
塩（湯2ℓに対して）　大さじ1½
パルミジャーノチーズ（すりおろす）　適量
塩・こしょう　各少々
★パスタは1人分80〜90g、2人分が作りやすい。

とろりとしたソースにする。

6）ボウルに**5**のソース、ゆで上がったパスタ、パルミジャーノチーズ、塩・こしょうを合わせて全体を混ぜてなじませ、**2**の穂先も加えて軽く混ぜ、器に盛る。

これでパスタに薄いグリーンのソースがからまり、そこにアスパラの穂先が見え隠れしているグリーンのパスタのでき上がりです。

③ グリーンアスパラの豚肉巻き

グリーンアスパラをメインのおかずとしていただくなら、私は豚バラ肉と合わせた「グリーンアスパラの豚肉巻き」が好きです。

アスパラの口当たりにこだわって、かたい根元を１～２㎝切り落とし、下のほうは皮を薄くむいてから始めましょう。

1）下ごしらえをすませたアスパラは、それぞれ豚バラ薄切り肉で根元から穂先に向けて斜めにくるくると巻いていく。

2）グリルを熱して**1**の豚肉巻きを網にのせ、中火で４分ほど焼き、裏返して３分ほど焼く（グリルを使わず、フライパンに薄く油を敷き、ころがしながら全体に火を通す方法でもＯＫ）。

3）焼き上がった豚肉巻きをバットに取り、熱いうちにしょうゆ少々をたらす。

●グリーンアスパラの豚肉巻き
【材料の目安・４人分】
グリーンアスパラ　８本
豚バラ薄切り肉　８枚
しょうゆ　少々

4）食べやすい長さに切り分けて器に盛る。

この豚肉巻きの味つけはしょうゆだけ。全体にこんがりとほどよく焼けたところにジュッとしょうゆをたらすと、お肉が自然にしょうゆを吸います。

このしょうゆの香りと豚バラ肉のおいしい脂がアスパラの味わいとよくマッチして、いくらでも食べられるおかずになります。少し七味唐辛子をふってもよいのです。

豚肉がジュージュー焼けているところにしょうゆ少々をたらす——これが肉に味をしみ込ませるコツ。肉が冷めてしまってから、しょうゆをかけるのでは手遅れで、おいしさに格段の差がでます。

さや豆

さや豆の仲間たちは、春から初夏にかけて続々と登場します。まず先がけは「さやえんどう」の仲間たち。小型の絹さや、大ぶりのオランダさやえんどう、肉厚のスナップえんどうなど。続けて、「グリンピース」や「そら豆」が登場します。両方ともみずみずしい生のものは、この時期にしか味わえません。グリンピースやそら豆はさやから出すとかたくなるので、さや入りを買うのがおすすめです。

次に登場するのは、「さやいんげん」の仲間たち。中国からこの豆をもたらした隠元禅師が名前の由来です。どじょういんげんを筆頭に、幅広で平べったいモロッコいんげん、東海以西に多いささげなど。ささげはやわらかく食べやすいのが特徴です。

こうしたさや豆たちが次々に出てくる時期には、さやえんどう、スナップえんどう、グリンピース、そら豆、さやいんげんなどなど――ふと気がつくと、なにかしらのさや豆を毎日食べている自分に気づかされます。

① いんげんのオリーブオイルがけ

いんげんだけでなく、じつはどのさや豆で作ってもOK。いくつかの豆を組み合わせてもおいしいのがこのレシピ。大切なポイントは二つ。できれば採りたての新鮮なさや豆を使って作ること、そしてシャキッと歯ざわりよくゆでることです。

●いんげんのオリーブオイルがけ

【材料の目安・4人分】

さやいんげん　150g

モロッコいんげん　150g

塩　ひとつまみ

EXバージンオリーブオイル、塩　各適量

★写真→p23

今回は、新鮮な地物のどじょういんげんとモロッコいんげんを使います。いんげんの仲間はたいへん種類が多いのですが、筋のあるものとないものがあります。筋のあるものはへたの先を折って、両端の筋を除きます。折った先の細い部分はおいしくないので、そのまま筋を引いてへたごと取り除きます。

筋とへたを除いたいんげんはボウルに用意した冷水に次々に浸していきます。こうしてゆでる前にいんげんを冷水につけてピンとさせることが大切です。これはさや豆でも青菜でもキャベツでも同じ。細胞内にきちんと水分を含ませ、みずみずしい状態にしてからゆでると、不思議なくらい野菜本来の甘みや香りが出てきます。野菜の甘みや香りを感じられれば、野菜のおいしさが分かります。本当の野菜好きになるには、このような一手間がいちばん大切です。

ゆでるときは、熱湯に塩ひとつまみを加えます。塩を加えるのは、下味をつけるというより、塩で湯の沸点を上げて鮮やかなグリーンに仕上げるためであり、また塩の力で豆の味が湯に溶け出すのを防ぐためです。

湯に入れたいんげんの色の変化をよく見ていて、美しい緑色になってきたら、すばやく網じゃくしで引き上げます。そして指でつまむか食べてみてかたさを確かめます。どんどん加熱が進むので、この間はなるべく手早く。ほどよいかたさが確認できたら、おか上げ(湯から上げたら、すぐにざるに広げて冷ますこと)にします。するとおいしく、さらに色鮮やかに仕上がります。

下準備とゆで加減にこだわるのは、この料理の味つけが塩だけで、とてもシンプルだからです。シンプルな料理ほど、素材やその扱い方の善《よ》し悪《あ》しがダイレクトに味に反映します。シンプルな料理イコール簡単料理と思われがちですが、決してそうではありません。確かに材料や調味料の数、手順などは、手をかける料理に比べて少ないかもしれませんが、それだけにいっそう素材選びと扱い方への心配りが必要になります。

1) いんげんは筋のあるものは除き、冷水に5～10分ほどつけてピンとさせる。

2) 熱湯に塩ひとつまみを加え、**1**のいんげんを加え、色が鮮やかになるまで種類ごとに別々にゆでる。一本引き上げ、ほどよいかたさになっていたら、一気にざるにあける。

3) ざるにあけたいんげんは重ならないように広げ、窓辺などで風にあてて冷ます。

4) 2種類のいんげんを、食べやすい長さに切りそろえて器に盛る。上からＥＸバージンオリーブオイルをかけ、パラパラと塩をふり、からめながらいただく。

② いろいろさや豆のサラダ

これはできるだけ多くの種類のさや豆をそろえた、フレッシュ感にあふれた初夏のサラダです。春先から初夏に向け、少しずつ時期をずらして登場してくるいろいろなさや豆たち。なるべく多くの種類が出回っているタイミングを逃さず、好みの4～5種類を合わせて、この季節ならではの味を存分に味わいたい――。

さや豆に関しては①のいんげんの扱い方と同様でよいのですが、グリンピースはゆでた後、そのままにしておくと豆の粒にシワがよるので注意が必要です。

火を止めたら温かい湯に入れておき自然に冷ますのが、甘みがあり美味しく仕上げるコツです。豆は冷やしすぎると風味が損なわれます。ゆっくり冷ますと、ふっくら仕上がります。

1）筋のあるさや豆は筋を取り、冷水に5分ほどつけてシャキッとさせる。

2）熱湯に塩ひとつまみを加え、**1**のさや豆を火の通りにくい順（スナップえんどう、さやいんげん、絹さや）に入れてゆで、美しいグリーン色になったら手早く上げて、平らなざるに重ねないように広げて、冷ます。

3）グリンピースは料理する直前にさやのふくらんだほうに指先を入れて開き、豆を一粒ずつ取り出す。塩少々を加えた熱湯でゆでて、冷ましておく。

4）新玉ねぎは薄切り、トマトは小角切りにし、パセリまたはディルはみじん切りにする。

5）**2**〜**4**をボウルに入れ、Aの調味料を加えてさっくり混ぜ、器に盛る。

このように旬の好きなさや豆をいろいろ入れて作る料理は、家庭ならではの一皿です。どんな高級なレストランに行っても、自分の好きなものばかりで作った料理は決して出てきませんから。

野菜料理というのは、料理のなかでもいちばん手間がかかります。洗って筋をとったり、皮をむいたり、刻んだりしなければなりません。そのわりになかなか主菜にはなりにくいものです。肉を焼いたりするほうが、よほど手がかかりません。そしてベースの味つけをしただけで、立派な主菜になります。手間がかかり目立たないのが野菜料理ですが、タイ

●いろいろさや豆のサラダ

【材料の目安・4人分】

絹さや　100g
スナップえんどう　100g
さやいんげん　100g
グリンピース（正味）　100g
新玉ねぎ　1/2個
トマト　中1個
パセリまたはディル　1枝
A
　EXバージンオリーブオイル　大さじ4
　白ワインビネガー　大さじ1強
　塩　適量
　こしょう　少々

ミングを逃さず上手に料理して、心地よい歯ざわりや美しい色や季節ならではの香りを思う存分楽しむ、ある意味ぜいたくな味と言えます。

③ 絹さやだけのみそ汁

じつは私、大の〝絹さや好き〟です。絹さやだけの山盛りでも飽きずに食べられます。みそ汁の具も定番の大根と油揚げ以外にも季節の野菜やありあわせで、いろいろ作りますが、とくに好きなのは絹さやだけのみそ汁。ある時ふと思いついて、絹さやだけでみそ汁を作ってみたら、これがとてもおいしかったので、私のなかの定番みそ汁になりました。ただし、これもしなびた絹さやでは、いくらたくさん入れても甘みも香りも出ません。冷水につけて、手で触るとキュッキュッという音がするくらいまで、細胞のなかに水を行きわたらせてシャキッとさせます。こうして、素材に野菜のおいしさを充分に引き出せるようにしてから作り始めます。

●絹さやだけのみそ汁
【材料の目安・4人分】
絹さや　150〜200g
煮干しのだし汁（↓p62〜63、174）4カップ
みそ　大さじ3〜4
★みその量は種類（塩辛さ）に応じて調節する。

1）絹さやは筋を除き、冷水につけてシャキッとさせておく。
2）煮干しのだし汁を温め、みそを溶き入れ、**1**の絹さやを加えてひと煮する。

絹さやのシャキシャキ感が残っているうちにお椀に盛ります。するとその歯ごたえと、絹さや独特の繊細な香りがなんとも言えません。ただ最近、スーパーで売られている絹さやには、ピンとしているのにまったく香りのしないものがあり、どのように作られている

のかしらとちょっと心配になったりします。

[もう一言] 口福のパリパリ絹さやの中華そば

絹さやのパリパリした歯ごたえを存分に味わう中華あえそばです。

えび麺(えびを練りこんだ中華麺)と心地よいパリパリ感の絹さやの相性は絶妙。小腹が空いたときにいただくと、ついついおかわりしたいと思ってしまいます。

絹さやは筋を取り、冷水に浸してシャキッとさせ、すぐに斜め細切りにします。この細切りの絹さやを鍋に収まるサイズのざるに入れ、塩少々を加えた熱湯に浸してすぐに引き上げます。一瞬で全部の絹さやを一度に引き上げたいため、ざるの大きさも選ぶわけです。

絹さやには一瞬で火が通るので、すぐに冷水にとれば、パリパリ、カリカリとした状態になります。この絹さやの細切りをたっぷりと用意します。

一方、えび麺をゆでて、ごま油、塩・こしょうで調味し、ここへ絹さやをたっぷり入れます。あれば香菜を刻んで入れてもおいしいですが、具はグリーンだけ。食欲のない時にも、これならのどを通るおすすめの一皿です。

トマト＝手間いらずでおいしいミニトマトのスープ

↓116ページ

ひたすら煮るだけでOK＝鍋にたたきにんにくとミニトマト、水を入れ、水がトマト色になったら塩・こしょうで調味するだけ。多少時間はかかるけれど、手間いらずのスープです。

ミニトマトのパスタ
↓114ページ

なす＝梅干し入りなすの丸煮

↓124ページ

なすのぬか漬けから多くを学ぶ

↓120ページ

ぬか床は生きている＝母が丹精したぬか床をもらって、今もぬか漬けを作り続けています。生き物を飼うのと同じ気持ちでよく手入れをすると、味で応えてくれるのがうれしい。

ゴーヤ＝豚肉とゴーヤの蒸し煮

↓128ページ

香草好き＝青じそやみょうがなどの和の香草はもちろん、香菜やバジル、ミント、イタリアンパセリなどのハーブも大好きで、いつも身近になにかしらの香草が欠かせません。

とうもろこし=とうもろこしのフレッシュピュレ

↓132ページ

とうもろこしの玄米ご飯
↓134ページ

きゅうり＝塩もみきゅうりといり卵の餃子

↓143ページ

若いズッキーニを生で＝基本的には加熱していただくズッキーニ。でも、若くてフレッシュなものをごく細いせん切りにし、レモン汁やケイパーとともにサラダにしてみると、新体験のおいしさに出会えました。

ズッキーニ＝ズッキーニのせん切りサラダ
↓151ページ

もやし＝バインセオ

↓166ページ

ねぎ＝揚げかまぼこのねぎサラダ ↓171ページ

イタリアのきのこ料理は素材の味を生かして味わう ↓160ページ

タマゴタケを見つけて＝イタリアでは、真白い卵が地面から生えたような（その後かさは赤色に）タマゴタケは生で味わうことも多い。夏の信州でもたくさん採れてびっくり。

セロリ

セロリはあの独特な香りとシャキシャキとした食感が命。新鮮なうちになるべく早く使いましょう。

調理の前に茎にある筋を、根元のほうから少し包丁の刃を入れ、そのまま引っぱってはがします。このセロリの筋を、じつは私は重宝しています。これを食材をしばるヒモとして使っているのです。和食ですと昆布巻きや袋物のおでんの具をしばる食材としてかんぴょうを使いますよね。そのような感じでセロリの筋を使います。

例えば、キャベツに豚薄切り肉を巻き込んで作る「簡単ロールキャベツ」をしばったり、詰め物をして揚げるときの口を締めるものとして、セロリの筋がヒモ代わりになって役立ちます。しっかり結べますし、そのまま食べられて味に支障もありませんから、具合がいいのです。

包丁ではなく、ピーラーで筋取りをするときは、軽く当てて引くようにし、厚くむかないように注意します。

セロリの葉も私にとっては大切な調理材料です。葉は何枚か重ねて巻き、極細に切ります。美しいグリーンの糸のように切るのですが、サラダに混ぜたり、スープの浮き身（写真↓p16）にすると、香り高く、料理に繊細さが加わります。さらに葉に含まれるカロテンは茎の約二倍だとか。これを捨てるのはもったいないことです。

① セロリのベーシックスープ

セロリは洋風のスープを作るときに欠かせない材料です。

イタリアではスープを作るとき、何はなくてもまずセロリ、パセリ、玉ねぎ、にんじんを用意します。セロリを他の香味野菜とともに煮込んだスープは、そのままスープとしてもおいしいのですが、洋風や中華風の煮込みやパスタ、中華めんのスープとしても使え、なにしろ応用範囲が広いのです。園芸店でセロリの苗を扱っていますので、一株、プランターに植えておくと、いつも新鮮なセロリが使えてとても便利です。セロリの香りは、新鮮であればあるほどよいので、苗を植えるのがベストです。

スープの作り方はいたって簡単。深鍋にセロリ、パセリ、玉ねぎなどの香味野菜を入れて、それがかぶるくらいの水を注ぎ、そのまま水から静かに静かに、コトコトと煮ていくだけでいいのです。

1）セロリは長さを2〜3等分にし、玉ねぎ（あればにんじんの切れ端なども）は大きめに切って、パセリとともに深鍋に入れる。香りが断然違うのでセロリはぜひ葉ごと入れたい。好みでローリエかタイムなども加えて香りづけをする。

2）**1**に材料がかぶる程度の水を注ぎ、ふたをせずに弱めの火で、野菜が透き通るような感じになるまで煮込む。味見をして香りや味を確認する。

3）**2**を漉してスープを鍋に戻し、塩・こしょうで味を調える。

スープをとるために入れた野菜は、くったりやわらかくなっています。そのまま食べてもOK。けれどもいわばだしガラですから食べなくてもいいのです。これでホッとするスープのでき上がり。

このベーシックな野菜スープを多めに作っておいて、野菜のポタージュや洋風煮込み料理、スープパスタなどを作るときのベースに使うと、味も栄養も申し分のないものに仕上がります。

野菜のスープをとるときに鶏胸肉一枚を入れて煮ることもあります。このゆで鶏とスープが一緒にできる、いわゆる「一度で二度おいしい」という作り方もおすすめです。

1）セロリと他の香味野菜、ハーブは、先のセロリのスープと同様に深鍋に入れる。

2）**1**の鍋に鶏胸肉も入れ、かぶるくらいの水を注いで中火にかける。煮立ち始めたら、軽く煮立つ程度の弱めの中火に直し、アクをていねいに除く。あとはふたをせずにコトコトと鶏肉がやわらかくなるまで煮込む。

3）漉してスープを取り、スープを鍋に戻して塩・こしょうで味を調える。

このようにすると、セロリのスープに鶏肉のうまみも加わって一段とおいしいスープストックができます。

いっしょにゆでた鶏肉は、ゆで汁から出してしまうと、パサパサになってしまいますので、汁とともに保存容器に入れて一晩ほど冷蔵庫に入れておくと、しっとりしたゆで鶏としていただけます。ゆで鶏はそのまま塩少々を加えた汁につけて保存すれば冷蔵庫で2〜3日はもちます。料理に合わせて手で身を裂いて使います。

スープを長く保存したいときは、1回分ずつ汁ごと小分けにして冷凍します。これも重宝する保存食で、例えば、「肉料理があるけど、ちょっとスープも欲しいわ」というときには、解凍して温め、こしょうをふるだけで本当においしいスープがあっという間にできます。また、「昼食に中華風のめんが食べたいわ」というときは、中華乾めんをさっとゆ

◘セロリのベーシックスープ（鶏肉入り）

【材料の目安・4人分】

セロリ　2〜3本（葉先も）

パセリ　2本

玉ねぎ　1〜2個

にんじん　5㎝

鶏胸肉　1枚

ローリエ、タイム（好みで）　2〜3枚

水　カップ10（約2/3に煮詰める）

塩・こしょう　各適量

★鶏肉を入れなくてもセロリと香味野菜をしっかり煮るだけでベーシックスープができる。

でて、温めたスープを加え、ゆで鶏と細切りねぎでものせれば大満足です。

ですから、このスープは少し多めに作るのがおすすめで、わが家の常備品です。胸肉、ささみで作ればあっさり味に、もも肉なら少しこくのあるスープができます。

② ささみとセロリの白髪ねぎあえ

①でゆでた鶏肉を利用すればすぐにできる一品です。
スープを取るときにできたゆで鶏があれば、それを使います。ないときは、酒少々をふりかけ、7〜8分蒸したささみを使います。ごく細く裂いた鶏肉と、セロリとねぎの白い部分をできるだけ細く切ったものを中華風の辛みだれであえていただきます。極細に切った材料にたれがよくからみ、セロリの香りと歯ざわりがいいアクセントになり、ご飯のおかずとしてはもちろん、酒肴にもぴったり。

1）ささみは、粗熱がとれたら、細かく裂く。
2）セロリは茎の根元に包丁を浅く入れ、そのまま引いて筋を取り除く。長さを5〜6cmに切り分け、各々縦に薄く切る。それを少しずつずらせて重ね、ごく細く切る。
3）長ねぎの白い部分をセロリ同様に細く切って白髪ねぎにし、氷水に数分つけてよく水けをきる。**2**のセロリも同様に氷水につけておくとさらにパリッとする。
4）**1**のささみと**2**のセロリを混ぜて器に盛る。**3**の白髪ねぎを上に飾り、辛みだれの材

●ささみとセロリの白髪ねぎあえ
【材料の目安・4人分】
鶏ささみ(筋なしをスープでゆでるか蒸すかしたもの) 6〜7本
セロリ 1本
長ねぎ 1本
辛みだれ
ごま油 大さじ3
酢 大さじ1
しょうゆ 大さじ1〜1½
豆板醤 小さじ1
にんにくのすりおろし 1片分

料を合わせて全体にかける。白髪ねぎにセロリの葉をごく細く切って混ぜるときれい。

3 帆立てとセロリ、大根のサラダ

この料理には生の帆立てではなく、上質の缶詰を使います。帆立て缶の汁にレモン汁を加えると、うまみのあるドレッシングになるからです。ですから帆立て缶は上等なものを選ぶのが、この料理のおいしさの秘訣。

私はこれを帆立て缶とセロリだけで作るときもあれば、さらに大根を加えるときもあります。セロリは必須ですが大根は入っても入らなくてもOK。大根が入るほうがボリュームが出るので、ここでは大根入りをご紹介しましょう。

1）大根は5㎝厚さに切って厚めに皮をむき、それぞれ7～8㎜角の棒状に切る。セロリは筋を除き、大根と同じ大きさの棒状に切る。セロリの葉は重ねてくるくると巻いて細切りにし、軽く水洗いして水けをきる。

2）**1**の大根とセロリの茎は軽く塩（重量の2パーセント）をしておき、水けを絞る。

3）身をほぐした帆立て缶と缶汁をボウルに入れる。レモン汁を絞り入れ、**2**の材料と**1**のセロリの葉を加え、全体にさっくりと混ぜ合わせて器に盛る。

もし、レモンが国産の無農薬のレモンであれば、皮をすりおろして上からパラパラと散らすと、白、グリーン、黄と、より美しい彩りになります。

●帆立てとセロリ、大根のサラダ
【材料の目安・4人分】
帆立て貝柱の缶詰（180g） 2缶
大根 10㎝
セロリ 2本
レモン（あれば無農薬） 1個
塩 適量

d

勢いをまるごといただく夏野菜

つやつやしてぴんと皮が張ったトマトやなす、濃い緑のイボイボがあるゴーヤ、みずみずしい実をたっぷりたくわえたとうもろこし、夏の野菜はどれもカラフルで、今にもはじけそうな勢いがあります。ここではその勢いを存分に味わえる料理をご紹介します。

そのみずみずしさこそ、ほてった身体を冷やし、「ああ、すきっとした！」とか、「さっぱりしておいしかった！」という思いの源です。

どの夏野菜も、まずは生か、生に近い状態でいただく料理が挙がりましたが、それが太陽が照りつけるこの季節にもっともふさわしい料理だからです。

どうぞその時期を逃さず、夏野菜の勢いをまるごと味わってみてください。

トマト

「トマトが赤くなると医者が青くなる」、ヨーロッパでは、熟したトマトは栄養が豊富で医者いらずということから、こんなことわざがあるほどです。最近は多種多彩なトマトが手に入りますから（写真↓p89）、食べ方にあった品種を選び、たっぷりいただきたいものです。

トマトは今や一年中出回っていますが、そのまままるごとガブリと……そう思えるのは、夏の盛りのころだけです。そうでなくても、時には生で、時には煮込んで、さまざまな料理に使えるのがトマトのいいところ。

イタリアでは、ビンのなかにトマトをギュウギュウに詰めてしっかりふたをし、ビンごと加熱して保存します。保存用に使われるのは、細長い形のサンマルツァーノに代表される肉厚で種が少ない種類。最近は日本でも加熱調理用のトマトを見かけますが、手に入らない場合には、私は味が濃く糖度も高めなミニトマトを使います。

トマトは15〜20分程度煮込むとうまみが引き出されて一段とおいしくなります。よく煮たトマトのおいしさは、酸味と甘みに加え、この独特のうまみにあります。

日本の代表的なトマトの品種といえば、大玉の桃太郎。けれどもこのトマトでトマトソースを作っても水っぽくてあまりおいしくできません。ところが、ずっしりと重く、ツヤとハリがある露地ものの桃太郎を、暑い日によく冷やしていただいてみましょう。そのみずみずしさに、思わず「おいしい！」と声が出てしまうでしょう。

やっぱり桃太郎は、生でそのまま食べるのがいちばん。最近は品種や向いている調理法などを表示しているトマトもあるので、ちょっと確認し、使い分けるようにしましょう。

①　カプレーゼ

〝カプレーゼ〟と聞くと、イタリアンの前菜でおなじみの、トマトの赤とモッツァレラチーズの白とバジルのグリーンの彩りも美しい一皿を思い浮かべる方も多いでしょう。イタリアでもポピュラーな前菜ですが、わが家のカプレーゼを目にした方は、はじめはそのボリュームに、たいてい「えっ！」と驚きます。そして次に「可愛い‼」という声が上がります。

このカプレーゼを作るには、まずずっしり重くて、よく熟れた桃太郎を探すことから始まります。

1）完熟のトマトは、横半分に、二つに切って皿に盛り、モッツァレラチーズは水気をきって半分に切り、トマトの上にのせる。

2）バジルの葉は大きいまま上にのせる。各自でEXバージンオリーブオイルをかけ、塩をふる。

いたってシンプルですが、おいしくて食べごたえがあり、前菜にしておくのがもったいないくらいの満足感がある料理です。私は昼間に食べすぎたと思った日の夕食は、これだけで済ますことがあるほど。

なぜ、こういう盛り方や食べ方をするかというと、トマトもモッツァレラチーズもバジルもなるべく切らないほうがおいしいからです。これらの素材は切って時間がたつほど空

●カプレーゼ
【材料の目安・2人分】
トマト（桃太郎）　1個
モッツァレラチーズ　1個
バジル　4枚
EXバージンオリーブオイル　適量
塩　少々
★塩はフルール・ド・セルがおすすめ。

気に触れておいしさが損なわれます。ですから包丁を入れないまるごとのトマト、まるごとのモッツァレラを盛りつけたいほどなのです。

モッツァレラチーズの産地、南イタリアでは、その日の朝に作った新鮮なモッツァレラが手に入ります。日本の食材でいうなら、お豆腐と同じ感覚ですね。作りたてのモッツァレラチーズを用いたカプレーゼの味つけは良質のEXバージンオリーブオイルと塩。塩は粒の粗い海の塩フルール・ド・セルがおすすめです。冷えた白ワインとの相性も抜群です。夏の始まりのイタリア風の食卓です。

イタリアの家庭でトマトを料理しているのを見ていると、なるほど面白いなと思うことがあります。料理するときは思いきり手でグシャッとにぎりつぶして鍋に入れ、生で食べるときは手でちぎってオイルと塩で味つけします。こうすれば直前までトマトの果肉は空気に触れないし、ちぎった面に凹凸ができて、オイルや塩の味がよく行きわたる――自然体の料理がトマトを最高に生かすのです。

② ミニトマトのパスタ

これはトマトソースを作るという手間はいりません。ミニトマトは糖度が高めで味が濃いものを使います。イタリアのトマトの産地ではどこでも毎日のように食べられているパスタですが、限りなくシンプルでありながら、このうえなくおいしいのは、トマトのうまみあってのことです。

1）ミニトマトはヘタを除き、にんにくは包丁の腹でつぶす。

2）鍋にEXバージンオリーブオイルと**1**のにんにくを入れ、弱火で炒めて香りが出たらミニトマトを加えて中火で炒める。

3）全体に油が回ったら火を弱め、ふたをして煮る。ときどき上下を返しながら水分が出るまで煮て、トマトの皮がはじけて火が通ってきたら、塩・こしょうで味を調える。

4）トマトを煮ている間に塩を入れた（湯1ℓに塩小さじ2の割合）たっぷりの熱湯でスパゲッティをアルデンテよりも多少かためにゆでる。

5）**3**の鍋に**4**のパスタを加えて全体によくからめて火を止め、器に盛る。バジルの葉をつんでちぎり、散らす。

このトマトのパスタにもう少しフレッシュ感がほしい場合には、火を止める直前に生のミニトマトをもうひとつかみ入れます。

最近はいろいろなトマトが出回っています。これらを料理する場合は、皮のかたさや甘みを知るために、まず一度生で食べて、何に適しているか、どんな調理法が合うか、考えてみましょう。同じミニトマトでも、楕円形のもの、黄色やオレンジのもの、黒っぽいもの、マイクロミニと呼ばれる直径8～10㎜くらいの小さなものまで多種多彩です（写真→p89）。皮のやわらかいミニトマトならそのまま使っていいのですが、皮がかたい場合は取り除いたほうがよさそうです。

時には調理法を変え、湯むきをしたり、フードプロセッサーにかけてから使うほうがよ

●ミニトマトのパスタ

【材料の目安・2人分】

スパゲッティ　160g

ミニトマト　20個

バジル　2枝

にんにく　2片

EXバージンオリーブオイル　大さじ2

塩・こしょう　各適量

★最後に好みで、パルミジャーノチーズをかけても。

★写真→p91

い場合もあります。

【もう一言】手間いらずでおいしいミニトマトのスープ

猛暑で食欲がないときでも、これなら気軽にできておいしいというスープの一つに「ミニトマトのスープ」（写真↓p90）があります。

多少時間はかかりますが、ひたすら煮るだけなので手間いらず。一一二ページでもお話ししたように、長く煮ることでトマトのうまみが引き出されるので、スープの素などを入れずに、自然のうまみだけを楽しんでください。

ミニトマトは惜しまずたっぷり。二人分で20個以上用意します。鍋にたたきにんにくとミニトマト、それがかぶるくらいの水を入れ、弱めの中火でしばらく煮ます。やがてトマトの皮がはじけて身がくずれ、水がトマト色になるくらいになったら、塩・こしょうで味つけを。

熱々のうちに器によそい、EXバージンオリーブオイルと、粗びきの黒こしょうで味を調えます。

③ ざく切りトマトのカレーひき肉あえ

わが家の作りおき料理の一つに「ひき肉ドレッシング」というのがあります。

●ひき肉ドレッシング
【材料の目安・作りやすい分量】
豚ひき肉　250g
EXバージンオリーブオイル　大さじ2〜3
しょうゆ、酢　各大さじ3〜4
こしょう　少々
おろしにんにく　1片分

フライパンにEXバージンオリーブオイルを熱して、豚ひき肉を加えてカリッとするまでよく炒め、火を止めてしょうゆと酢、こしょうを加えて混ぜ、最後におろしにんにくを加えます。それを肉汁ごと容器に移して、冷蔵庫で保存しておくのですが、生野菜の上にのせればおいしくボリュームアップできますし、素揚げした野菜と混ぜたり、ゆでた麺とあえてもおいしくて、夏場にはとくに重宝します。

そのひき肉を炒める作業をしていたとき、ふとひらめいたのがこのカレーひき肉です。ひき肉をしっかり炒め、しょうゆ、にんにく、カレー粉、好みのスパイスを加えます。このときクローブと黒こしょうは必須です。EXバージンオリーブオイルを少し入れて、ざく切りのトマトをたっぷり混ぜると、玄米にもよく合うシンプルなカレーひき肉のでき上がり。

とてもおいしいので、塩もみしたなすやオクラ、きゅうり、大根などを次々にカレーひき肉とあえてみましたが、どれも美味です。わが家の夏のカレー料理の一つになりました。

1）フライパンをよく熱してEXバージンオリーブオイルをなじませ、豚ひき肉を入れる。強めの火で表面がカリッとするまでしっかり炒め、カレー粉、クローブ、粗びき黒こしょう、カイエンヌペッパー、しょうゆ、おろしにんにくを加えて味を調える。

2）トマトは大きめのざく切りに、玉ねぎは薄切りにして水に放ちシャキッとさせる。

3）**2**の野菜の水気をしっかり切って、**1**のカレーひき肉とあえる。

カレーひき肉は炒め方が肝心。よく炒めて肉の脂を出し、その脂で肉がカリカリに香ばしくなるまでさらに炒めるのがコツ。炒め方が足りないと野菜を加えたときに水っぽくな

◎ざく切りトマトのカレーひき肉あえ

【材料の目安・4人分】

トマト　中4個
玉ねぎ　½個
豚ひき肉　150〜200g
EXバージンオリーブオイル　大さじ2
カレー粉　大さじ2
クローブパウダー　小さじ1〜2
粗びき黒こしょう　適量
カイエンヌペッパー　少々
しょうゆ　大さじ2
にんにく(おろす)　1片分

★お好みでスパイスをもっと加えるとさらにおいしくなります。

るので、パチパチ音がしてちょっと焦げたかなと思うくらいまで炒めます。

野菜を主にするなら、カレー粉と塩でしっかりひき肉に味つけします。サラダともカレーともつかないような一皿ですが、これは玄米によく合います。適度な酸味と塩けがカレー風味と相まって、食欲のでない暑い日にはとくにおすすめです。

スパイスはクミン、コリアンダー、クローブなどを好みの量加えて、さらに私好みにしています。

ひき肉ドレッシング同様、このカレーひき肉も作りおきしておくと、応用がききます。2〜3日は冷蔵できますが、冷凍することも可能。ざく切りトマトとカレーひき肉もあえるだけでなくて、レタスで巻いたり、ご飯の上にキャベツのせん切りをのせ、その上にかければ、夏のランチになります。いろいろ応用して楽しめる作りおきです。

なす

「なす紺」という色名があるとおり、紫がかった深い紺色をしているなす。新鮮でいいものを皮のハリとツヤで見分けますが、まず確認するのがヘタの部分。ヘタの切り口が緑がかってみずみずしく、ガクについているとげがピンと張って痛いくらいのものが新鮮です。

鮮度が落ちたものは果肉に茶色に変色した種が出てきて、こうなるといくら上手に料理してもおいしくなりません。ですからなすは新鮮なものを選ぶのがとくに大切な素材です。

なすの特徴はアクがあることです。切ったままにすると、切り口が変色し、味も変わりますので、アクぬきが大切です。一般的には切ったらすぐに塩水かみょうばん水に浸します。切ってすぐに揚げるのもアクを出さない方法です。

1 フレッシュなすのミントサラダ

なすにはアクがあるので、生でサラダにするときは、塩水または塩とみょうばんを加えた水につけます。ただし、みょうばんは入れすぎると渋みが出るので控えめに。濃い塩水につけて、食べる直前に絞れば、とくにみょうばんを入れなくても大丈夫です。

なすには塩けが浸透しにくいため、少し濃いめの塩水（4〜5パーセントの食塩水）につけるのがポイント。なめるとかなり塩辛く感じるくらいの濃さです。

●フレッシュなすのミントサラダ

【材料の目安・2人分】
なす　2個
塩水
　水　1カップ
　塩　大さじ1
トマト　1個
ミント　1枝
A　EXバージンオリーブオイル　大さじ2
　レモン汁または酢　大さじ1
　塩・こしょう　各少々

1）なすの切り方は自由。乱切りまたは輪切り、斜め切りでもOK。濃いめの塩水につけて冷蔵庫に入れ、しんなりするまで約1時間ほどおく。この時間は切り方により多少加減する。

2）よく冷やしたトマトは、なすと同じくらいの大きさのザク切りにする。

3）ミントは飾り用として上の部分の枝葉を少し残し、葉をつむ。

4）Aの材料をよく混ぜ、ドレッシングを作る。

5）**1**のなすの水気をてのひらにはさんで絞り、ボウルに入れる。**2**のトマト、**3**でつんだミントを加え、**4**のドレッシングと軽く合わせる。器に盛り、残りのミントを飾る。

イタリアでは、ミントはなすと相性のよいハーブとされています。イタリアのなすは皮がかたいので、塩をふって水分を出したあと、必ずちょっとあぶって、「焼きなすのミントサラダ」として登場します。日本のなすはイタリアのものほど皮がかたくないので、塩もみだけで大丈夫。

塩水漬けにしたなすは、アレンジ次第でいくらでもメニューが広がります。そのまま食べてもおいしいし、しそやしょうがなどといっしょに和風の漬け物のようにしても美味。ひき肉ドレッシング（↓p116）と合わせてもおいしいです。

【もう一言】なすのぬか漬けから多くを学ぶ

夏には必ずなすのぬか漬けを作りますが、これは子ども時代から食べて育った母の味です。母が丹精したぬか床をもらったのがうちのぬか床のもと。以来何十年、一年中わが家のぬか漬けを食べています（写真↓p93）。

なすに限らず、きゅうりや大根といった定番の野菜、キャベツ、みょうが、白うり、ラディッシュ、山いも、ごぼうなど季節の野菜を漬けて楽しみます。その詳細については『うちのおつけもの』（文化出版局）という本に書きました。

ぬか床は生きているので、手入れが肝心です。毎日よくかきまぜ、水が出てきたら水抜きし、時にはしょうがやにんにく、大豆、赤唐辛子、山椒、青梅、塩鮭の頭など、季節ごとの味覚をプラスして育てるようにして味を深めていきますが、同じ野菜を漬けても、暑い日と寒い日、朝と晩では驚くほどその表情が変わることもあります。

そのぬか床がいい状態かどうかがいちばんよく分かるのは、なすを漬けたときです。なすを漬けて美しい紫紺色に仕上がれば、そのぬか床はいい状態です。一方、なすが新鮮かどうかもぬか漬けにすればすぐに分かります。新鮮に見えても実は古くなりかけたなすをぬか漬けにすると、正直に色が悪くなりますし、新鮮ななすならとてもいい色に仕上がります。つまり、ぬか床となすはお互いのよさを映し合うというわけです。

時おり、ぬか床の温度が高いと、なすもぬか床もよいのに、仕上がりの色が悪いことがあります。ぬか床は温度が高すぎると活発に働きすぎて発酵が進み、一日でなすの美しい紫紺色を変色させてしまいます。なすも新鮮なはずだし、ぬか床も悪くないのに、なぜかきれいな色にならない、それはぬか床の温度が原因ですから、ぬか床の置き場所は冷暗所に。私は猛暑の日には冷蔵庫に入れておくようにしています。

同時に、わが家のぬか床には山椒の実や鮭の頭の骨やさまざまなものが入っていますので、よくかき混ぜるばかりでなく、塩やぬかを足す、まわりをきれいに拭く、温度管理をするなど、生き物を飼うのと同じ気持ちで接するとおいしくなってきます。こちらの接し方がそのまま味に出るのでぬか漬けは本当に正直です。

② 揚げなすのごまだれあえ

切ったなすを長く油で炒めると、たっぷり油を吸って重い仕上がりになります。しかし高温でさっと素揚げにすると、意外なほど軽い仕上がりになります。

ほんのり甘辛い（甘じょっぱい）ごまだれをあらかじめ作っておき、そこに揚げたてのなすを入れてからめると、おいしい夏のごまあえができます。

ごまは黒ごま。しょうゆに少し甘みをつけるのに、私はメープルシロップ・エキストラライトを使います。もちろん砂糖でも蜂蜜でもかまいません。

ところで、なすを揚げるとき、大きな揚げ鍋にたっぷりの油を入れて一度に揚げていませんか？　一度にたくさんのなすを入れると油の温度が下がって、揚げ時間がかかり、なすが油を吸ってべとつく仕上がりになります。その結果、後始末も大変になってしまうことに。

「素揚げしたなすはすごくおいしいけれど、揚げ物はちょっと……」という方にお教えしたい揚げ方があります。このやり方なら簡単で確実。使うのは深めの小振りな揚げ鍋。

●揚げなすのごまだれあえ
【材料の目安・4人分】
なす　6〜7個
いり黒ごま　大さじ6
A　しょうゆ　大さじ2
　砂糖　大さじ2
　（またはメープルシロップ・エキストラライト　大さじ3弱）
　酒　大さじ2
揚げ油　適量
★いり黒ごまは家でさらに少しいってからすると、より香り高く仕上がる。
★砂糖は好みで加減を。

少し深めならフライパンでも大丈夫。少量の油を高温にして、なすは揚げる直前に一個ずつ切り分け、揚げます。こうすると、なすは切ってすぐに油に入るので、アク抜きの必要はありません。水に浸す必要がないので手順も短く、油はねの心配もありません。高温で少量の油ですからすぐに揚がりますし、油っぽさがなくさっぱり仕上がります。

なすを引き上げるタイミングは、切った角が少し色づき、白い身が多少グリーンがかってきて、なすの皮の紫が濃くなったときです。これを見逃さず、さっと引き上げるのですが、本当にあっという間。そのくらい瞬時に揚がってしまいます。

あらかじめごまだれを作っておき、揚げたての熱々のなすを次々に入れてからめます。これを熱いうちにいただく——私の大好物の一つです。

料理は段取りが大切です。この料理はまさにそれで、なすが揚がったときにごまだれの用意ができていないと、せっかくの揚げなすが台無しですから。

1）いり黒ごまはハンドミキサー（バーミックスなど）やすり鉢でよくすり、Aの調味料を加えて、とろりとしたごまだれを作る。

2）揚げ鍋になす1個分がぎりぎりにつかる程度の油を入れて火にかける。

3）**2**の油を高温（180度以上）に熱するのに合わせて、なすのヘタを取り、1個を四〜六つ切りにし（乱切り、縦に二つに切って斜め切りなど好みで）、切ったらすぐに油に入れる。

4）なすの角がちょっと色づいてきたら、すぐに取り出してさっと油を切り、すぐに**1**のごまだれとあえる。

5）同様に残ったなすも1個ずつ揚げる。油が減ってきたら、その分を足し、再び高温にして揚げる（少量なのですぐに熱くなる）。

揚がったなすが熱いうちにごまだれにからめると、味がよくなじみ、よりおいしく仕上がります。そして濃い紫色に光る揚げなすに黒いつやつやのごまだれがからんで、とてもシックな料理になるのです。できたての勢いのあるうちに、あえて黒い器に盛ると、濃紫と黒のコントラストが美しいですし、黒い器に限らず、土物や白磁、織部焼きの器など、どれに合わせても素敵。

器に盛ったら、熱いと感じられるうちに召し上がっていただきたい一皿です。

③ 梅干し入りなすの丸煮

だしの味をたっぷりと含んだなすの煮物はひなびた風情の料理ですが、しみじみおいしいと思えます。もちろん温かい煮物としていただいてもいいのですが、夏ならば冷たくしていただいてもおいしいものです。

今回は丸い小なすを使って丸煮にしましたが、この料理は日本なすならどれを使ってもOK。長いものや大きいものなら切って使います。なすもさまざまな種類が出回るようになりましたが、地方に行くとその土地ならではのものがあり、どれも煮物には合います。

ポイントは、なすの皮に縦にすじ目を入れて味がよくしみるようにすること、そして、梅干しは塩だけで漬けたものに限るということです。おいしいだし汁に梅干しの酸味がいい味つけになり、さっぱりした味わいに仕上がるので、甘い梅干しは決して使いません。調味料も塩は使わず、ほんのちょっとのしょうゆだけ。

1）小なすはヘタの下のガクだけを切り取り、縦に5㎜間隔に包丁で切り目を入れる。なめると塩辛い程度の塩水（5パーセント）になすを浸し、約20分アク抜きする。

2）青じそはくるくる巻いて端から細かく切り、水に放したあと、水けをきっておく。

3）鍋にだし汁、梅干し、酒としょうゆを入れ、**1**のなすを加え、落としぶたをする。最初は強火で煮始め、煮立ったら弱火にして30分ほどコトコトと静かに煮る。

4）さましてから汁とともに器に盛り、上に**2**の青じその細切りをのせる。

真夏ならなすが冷めたあと、冷蔵庫で冷やしてから盛りつけるとさらに涼しげに。温かくして食べたい場合でも、いったん室温にしてから、もう一度温めます。

以前、「大根とひき肉の炒め煮」（↓p60）でもご説明しましたが、煮物というのはさめるときに味がしみ込むものなのです。温かく食べたいときでも、一度室温にさまして、食べる直前に再度温めてから盛りつけると、深い味わいの煮物が楽しめます。

今回はなすと梅干しで煮ましたが、「なすと干しえびの煮物」もおいしいです。干しえびを戻して煮ると、よいだしが出るからです。あまり複雑な味をつけずに、干しえびか梅干しのどちらか一つ、そうでなければおいしいだしだけでシンプルに煮るのが、なすのおいしさを味わうにはいちばんだと思います。

●梅干し入りなすの丸煮

【材料の目安・4人分】

小なす　8〜10個

塩水
- 水　2カップ
- 塩　小さじ4

煮汁
- だし汁（↓p79）　4カップ
- 梅干し　4個
- 酒　大さじ4
- しょうゆ　少々

青じそ　10〜15枚

★写真↓p92

ゴーヤ

ゴーヤは、「にがうり」とも呼ばれるように独特の苦みがありますが、私は苦さあってこそのゴーヤ好き。苦みの少ないゴーヤも作られるようになりましたが、ほどよい苦みがあってこそのにがうりです。代表的な料理と言えばチャンプルですが、私は、生で食べたり、豚肉といっしょに蒸したり、炒め料理ならばチャンプルではなくスパイスの香りを生かして——といった食べ方のほうがゴーヤの苦みのある味わいが際立って好きです。きっとどれも、みなさんが「へえー」という食べ方だと思います。

苦みのもとはワタにあるので、しっかり取り除くようにしてください。全体的に青々として緑色が濃く、表面のイボがしっかりしているものがおいしく、イボが小さいものほど苦みが強いと言われます。先端が黄色になっていたら、枯れている証拠です。

ゴーヤは、きゅうりの5倍以上、レモン果汁よりも多くビタミンCを含みますから、紫外線対策にはぴったり。沖縄や九州南部など非常に紫外線の強い地域が主産地ですから、自然というのは本当によくできているものです。

① ゴーヤのさっぱりあえ

ごく薄く切って氷水にさらしシャキッとさせたゴーヤのグリーンがとてもきれいなので、このまま生で食べたいと思って生まれた一皿です。

●ゴーヤのさっぱりあえ

【材料の目安・2人分】

ゴーヤ　1本
みょうが　2個
新しょうが　1本
新玉ねぎまたは赤玉ねぎ　1/2個
三杯酢
　酢　大さじ2 1/2
　しょうゆ　大さじ2 1/2
　みりん　大さじ1

ゴーヤに合わせる野菜は、季節の出会いものの新しょうが、みょうがなどの和香草や新玉ねぎ（赤玉ねぎでも）。それぞれ薄切りにし、氷水につけてシャキッとさせます。

これらの野菜を器に合わせて盛り、かつお節をたっぷりかけ、酢としょうゆでいただきます。お好みのドレッシングやポン酢、レモンじょうゆをかけてもいいでしょう。食欲のない夏でももりもり箸がすすむ、さっぱり味の料理。

1）ゴーヤは縦半分に切り、大きめのスプーンなどを使って種とワタをきれいに取り除き、できるだけ薄く切って氷水に10分ほどつけてパリッとさせる。

2）みょうがは縦半分に切って、縦に薄く切り、新しょうがも薄切りにし、氷水につける。

3）新玉ねぎまたは赤玉ねぎは繊維に沿って薄切りにし、**1**の氷水につけてパリッとさせる。

4）**1**〜**3**の材料の水けをしっかりきって器にこんもりと盛り、三杯酢の材料をあえて、かける。

ゴーヤの種とワタを除くときには、スプーンの柄を短めに持つとやりやすいです。

【もう一言】酒の肴におすすめのゴーヤ料理

縦半分に切って種とワタをきれいに取り除いたゴーヤ。その内側にみそをぬって網焼きにします。みそがいい具合にこんがりと焼けてきたら、返して表の皮側もちょっと焼きます。適度にあぶってある程度なので、歯ごたえが残っていて、みそのよい香りとうまみがゴーヤに合い、酒の肴にぴったりです。この料理は、ゴーヤが意外にみそとの相性がよいのを知り、みそ味のゴーヤの食べ方はないかしらと考えて生まれた一品です。

甘いみそはおすすめしませんが、みそ汁に使うようなみそなら、お好きなものでどうぞ。ただし、焼いたあとあまり薄く切らずに、1cm以上の幅をもたせて切り、そのまま器にきれいに並べます。

先日、知人が「ゴーヤのぬかみそ漬け」を出してくれました。これは初めてでしたが、とてもおいしくて、お酒にもぴったりでした。

友人、知人宅などでいただく、その家ならではの家庭料理には新鮮な発見があって楽しく、また勉強にもなります。

② 豚肉とゴーヤの蒸し煮

「ゴーヤを酒蒸し？」とどなたも少し驚いた顔をされます。

豚バラ肉とか豚肩ロース肉のようにちょっと脂身を含んだ豚肉とお酒でゴーヤをおいしくする蒸し料理です。豚肉は薄切りならばすぐにできますし、時間があれば豚かたまり肉を使います。つまり状況に応じて豚肉の厚みや部位を選びます。

にんにくみそと香菜《シャンツァイ》（パクチー）を好みの量つけながらいただく、パワフルな一皿です。

1）ゴーヤは縦半分に切り、種とワタを除いて、各々を3～4cm幅に切る。豚薄切り肉は

●豚肉とゴーヤの蒸し煮
【材料の目安・4人分】
ゴーヤ　2本
豚薄切り肉　200g
酒　1/4カップ
みそ、おろしにんにく、香菜　各適量
★写真→p94

食べやすい大きさに切る。ともに耐熱容器に入れて、酒を全体にふりかける。

2）蒸気の上がった蒸し器に**1**を容器ごと入れ、強火で8〜10分蒸す。

3）**2**を蒸している間に香菜を洗って食べやすく切って器に盛り、すりおろしたにんにくとみそを混ぜる。

4）**2**が蒸し上がったら、各自の器に盛り分け、**3**を添えていただく。

この料理は最初からこの形だったわけではなく、私のなかで変遷を重ねて今の調理法にたどりついたものです。最初は、とうがんと豚のかたまり肉をいっしょに蒸していたものからヒントを得たものです。豚肉とゴーヤの相性もいいので、この蒸し物はわが家の夏の食卓に頻繁に登場するようになりました。

その頃、ベトナムによく出かけていた私は小魚を発酵させてつくる調味料のヌクマムを愛用していました。「ゴーヤのひき肉詰めヌクマム煮」などもそうした料理の一つです。しかし、私が気に入っていたヌクマムが輸入されなくなったため、いつのまにかヌクマム煮は「豚肉とゴーヤの蒸し煮」に取って代わられることになりました。

③ 豚肉とゴーヤのスパイス炒め

スパイスの香りをきかせてゴーヤを炒めて作る中近東風の料理もあります。ゴーヤの苦みとスパイスの強い香りがよくマッチした一皿です。

1）EXバージンオリーブオイル、おろしにんにく、塩・こしょうに4種類のスパイスパウダー（クミン、コリアンダー、カイエンヌペッパー、クローブ）を混ぜたマリネ液を作る。
2）バター焼き用の豚肩ロース肉を1のマリネ液につける。
3）ゴーヤは縦半分に切り、種とワタを除いて1cmくらいの厚さに切る。
4）フライパンを熱して、2の肉の両面を軽く焼く。ここへ3のゴーヤも加えて炒め、肉のスパイスの香りを移す。さらに1と同様のスパイスまたはカレー粉を補って炒める。
5）軽い塩味をつけて仕上げる。

このスパイス炒めは、肉とゴーヤがいっしょに口に入るとパワフルでおいしいのです。ゴーヤは暑い土地に育つ野菜です。沖縄は当然ですが、東南アジアでも、ごくふつうに食卓に上る食材です。さらにインドには「ゴーヤのカレー」があります。その先の中近東で、はたしてゴーヤが栽培されているのかどうか、それは私も知りません。けれどもゴーヤが中近東の料理法と相性がいいことはほぼ間違いない、と舌でわかります。

ゴーヤに限らず、おいしい食べ物は国境を越えてどんどん広がっていくものです。

中近東風のスパイス炒めにしてみると、ゴーヤの苦みがぐんと生きてくるのですが、とくにカレー粉やクミン、コリアンダーなどのスパイスは、ゴーヤをおいしくしてくれます。

ちなみに、ゴーヤのおいしさはその苦さあってこそ。苦いゴーヤを嫌う方もいらっしゃいますが、私は苦くないゴーヤにはどうしても興味を持てません。

●豚肉とゴーヤのスパイス炒め

【材料の目安・4人分】
豚肩ロース肉　200g
ゴーヤ　2本
マリネ液
　EXバージンオリーブオイル　大さじ2
　おろしにんにく　1片
　塩・こしょう　適宜
　クミンパウダー　小さじ1強
　コリアンダー　小さじ1強
　カイエンヌペッパー　小さじ½
　クローブパウダー　小さじ⅔
4種類のスパイスまたはカレー粉　適量
塩　適量

とうもろこし

照りつける太陽を浴びて、甘く実ったとうもろこしは夏を象徴する野菜。最近のとうもろこしは、以前よりもいっそう甘くなってきているように思います。

新鮮なものは外皮がきれいな緑色をしています。ひげが茶褐色ならば、実がよく熟している証拠です。とうもろこしは「畑でゆでろ」といわれるほど鮮度が落ちやすく、常温だと収穫後24時間で栄養が半減し、甘みも落ちます。ですから、入手したらできるだけ早くゆでるか蒸すかしたいもの。外皮は加熱直前にむき、水からゆでて沸騰後3分で火を止めてざるに取るか、蒸気の上がった蒸し器で皮ごと約10分蒸し、塩をふって食べます。蒸すほうが味が濃く仕上がるので、私はそちらが好きです。

すぐに加熱できないなら、皮ごとラップして冷蔵保存し、当日または翌日までには使いきるようにします。加熱してもすぐに食べない場合には、輪切りにするか、実を外して密封し、冷凍保存すれば長くもち、いろいろな料理に使い回せます。

最近はネット販売や〝みちの駅〟、高級スーパーなどを通して、生のまま食べられるとうもろこしもふえ、人気のようです。これらは清澄な土地で、完全有機栽培で育てられ、とても甘みが強いのが特徴。もちろん加熱して食べてもおいしいのですが、生で食べるとシャキシャキした歯ごたえで甘さが際立ちます。

①　とうもろこしのフレッシュピュレ

●とうもろこしのフレッシュピュレ
【材料の目安・4人分】
とうもろこし　3本
EXバージンオリーブオイル　少々
塩　少々
★写真→p96

生で食べられる新鮮でおいしいとうもろこしが手に入ると、このとうもろこしのフレッシュピュレを作ります。生のとうもろこしのつぶをミキサーやブレンダーにかけて、ほかにはなにも加えずピュレ状にするのですが、ちょっと皮が舌に当たるくらいの口当たりがおいしいのです。そのままいただいてもいいのですが、EXバージンオリーブオイルと塩少々をかけてもとうもろこしの味が引き立ちます。

ピュレにするとうもろこしは生食専用の品種ならば申し分ありませんが、少し高価です。ごく新鮮ならばふつうのスイートコーン（甘味種）で作っても充分に甘くておいしいと思います。ただし、鮮度にはこだわってください。生の実を芯からはずしてミキサーやブレンダーにかけるのですが、この実のはずし方が意外に難しいので、ご説明しておきます。

1）とうもろこしの皮をむき、ひげはまとめて持ち、引き抜くようにして取り除く。

2）まずとうもろこしの長さを半分に切り、次に縦四つ割りにしてくし型にする。

3）刃がまっすぐな長めの包丁でカーブに沿って刃を入れ、グッと押しながらなぞっていくと、実がポロポロと落ちてくるので、ミキサーかブレンダーにかけてピュレ状にする。この時、ミキサーやブレンダーが回りにくかったら、水少々を加えて回す。

4）器に盛り、EXバージンオリーブオイルと塩をパラパラとかける。

ちょっとおもしろいと思うのは、とうもろこしの芯から実をはずすとき、生だとカーブに沿って刃を入れるとバラバラに実がはずれます。ところが、ゆでたり蒸したりしてから同様にすると、実が一列にくっついたままはずれます。とうもろこしの粒が並んだ状態のものに衣をつけて、「とうもろこしの天ぷら」にするところもあるほどです。

以前、日本で甘みのある生のとうもろこしが人気になって、しばらくした頃のことです。ペルーを旅行していて、古都クスコのあたりで、「チチャ・モラーダ」という生のとうもろこしの飲み物に出会いました。それはこの地でとれる紫色のとうもろこしの実だけをミキサーにかけた、ただそれだけのものでしたが、とてもおいしかったのです。けっして特別なものではなく、このへんではどこでも売られている、日本の飲み物にたとえるならお茶といったところでしょうか。自然のほのかな甘さが私好みで、とても味わい深いものでした。

② とうもろこしのかき揚げ

とうもろこしの季節によく食卓に登場するのは、とうもろこしご飯（③参照）とかき揚げ。ほんのり甘いとうもろこしのかき揚げは、本当においしいものです。

とうもろこしだけで可愛らしく揚げてもいいですし、えびとか帆立て貝柱と合わせて揚げれば素敵なごちそうになります。ふだんのおそうざいにするなら、じゃことか桜えびといっしょに揚げれば香ばしく、小角切りのさつまいもと合わせれば子どもも大喜び。とう

●とうもろこしのかき揚げ
【材料の目安・4人分】
とうもろこし　1本
卵　1個
小麦粉　大さじ4
揚げ油、塩　各適量

もろこしはかき揚げの材料としてとてもいいと思います。

おいしさのポイントは、小麦粉を加えたら衣の粘りが出ないようにさっくり混ぜることと、衣を多くしないことです。すると素材のうまみが生き、サクッとした口当たりに仕上がります。

かき揚げの形はコロンとしたものでも平たいものでもお好みで。私は少し大きめのスプーンで衣を混ぜた種をすくって、中温の揚げ油にポンと入れるだけ。あまり手間はかけず、いただくときも天つゆは使いません。塩をつけなくてもおいしくいただけるほどです。揚げたての熱々をそのままいただくと、このうえないおいしさです。

1）とうもろこしは実をこそげとって、ボウルに入れ、卵を割り入れてよく混ぜる。そこに小麦粉を加えてさっくりと混ぜる。

2）170度の揚げ油に**1**をスプーンですくって入れ、こんがりと揚げて好みで塩をふる。

とうもろこしのかき揚げはさめてもおいしいので、お弁当のおかずにもおすすめです。

③　とうもろこしの玄米ご飯

とうもろこしは今では野菜に分類されていますが、古代文明の時代には米、小麦と並ぶ代表的な穀物とされ、中南米のマヤ、アステカ文明などは、とうもろこしを中心とした穀類をもとに発展した地域だと言われています。そうしたルーツを持つのですから、同じイネ科のとうもろこしとお米をいっしょに料理すれば、合わないはずがありません。

とうもろこしご飯の作り方はいろいろ。お米といっしょに炊いてもいいですし、炊いたご飯にゆでたとうもろこしを混ぜてもいいですし、バター風味のとうもろこしライスもおいしいです。お米も白米だったり玄米だったり、雑穀米を加えたり、季節や気分に合わせ炊き上げるとおいしく味わうことができると思います。

時には、土鍋で炊き上げて、土鍋ごと食卓へ。ふたを開けたときの甘い香りに歓声が上がります。

ここではカムカム鍋と圧力鍋を使ってもっちり炊き上げる「とうもろこしの玄米ご飯」の作り方をご紹介します（圧力鍋の扱い方は機種により多少の違いがあります）。

1）とうもろこしは蒸すか、ゆでるかして、実をこそげとり、バラバラにしておく。

2）玄米は洗って、カムカム鍋に入れ、同量の水を加える。カムカム鍋ごと圧力鍋に入れ、カムカム鍋の半分の高さまで水を注ぎ、ふたをする。

3）はじめは**2**を強火にかけ、シューといって圧力がかかり始めたらそのまま2～3分加熱し、火を弱めて55～60分炊く。

4）**3**の火を止めたらすぐに蒸気を抜いてふたを取り、ほぐす。たきたての玄米と**1**のとうもろこしをまぜ、軽く塩をふる。

5）とうもろこし入りの玄米ご飯を器に盛り、ＥＸバージンオリーブオイルをかける。
また、手軽にとうもろこしご飯を楽しむには、玄米ではなくふつうのご飯にゆでとうもろこしと塩少々を加え、混ぜご飯にしてもＯＫ。これをおにぎりにし、お弁当にすれば子

●とうもろこしの玄米ご飯
【材料の目安・4人分】
玄米　2カップ
とうもろこしの実　2カップ
水　2カップ
EXバージンオリーブオイル　適量
塩　少々
★カムカム鍋は圧力鍋のなかに入れて用いる内鍋。これを使うと玄米ごはんがふっくらもっちり炊き上がる。
★写真→p97

どもたちも大喜びです。

［もう一言］おやつにぴったりのとうもろこし

軽くゆでて、ちょっとおみそをぬって網で焼くとうもろこしは、私の子どもの頃、母がよく作ってくれたおやつです。おいしくて腹もちがよく、スナック菓子よりずっといい。とうもろこしは、おみそで焼くんだとばかり思っていたら、おしょうゆが多いとのちに知りました。

私はあまり電子レンジは使いませんが、ゆでる時間がないときは、皮ごとラップで巻いて6〜7分レンジ加熱します。皮をあとでむくようにすると香りよく仕上がります。

e

思いがけない食べ方が意外においしい野菜

きゅうりなら「きゅうりとわかめの酢の物」、ピーマンなら「ピーマンの肉詰め」など、きゅうりやピーマンは定番の料理がすぐに思い浮かぶ野菜です。けれども、その料理以外のものと言われると思いのほか手詰まりになることがありませんか?

ここでは、きゅうりやピーマンのほかにしいたけやズッキーニなどを取り上げ、いつもと違う使い方をしてみたらおいしかったという料理をご紹介します。「なぜ、その料理が生まれたのか」という発想の原点もお話ししつつ……。

自分ならではのおいしい料理を生み出すことは、私にとって楽しい作業の一つです。

きゅうり

きゅうりはもぎたてのみずみずしさが命。約95パーセントが水分なので、時間がたつとどんどん蒸発して抜け、せっかくの食感や味も極端に落ちてしまいます。

ですから鮮度のよいものを入手してください。最近はイボのない品種もあるようですが、一般的にはまずイボがとがって痛いくらいの張りのあるものを選びます。そして、早く使いきるのがいちばんです。きゅうりは乾燥と低温に弱いので、冷蔵室で保存しても意外と傷みが早いものです。もし保存するなら塩をするか、天日に干してからにしましょう。

塩をする場合は、まるごとか半分の長さにしてパラパラと全体にふりかけ、保存容器に入れて冷蔵室へ。あるいは薄切りにし、塩をまぶしておきます。まるごと保存したものは、漬け物風にしたり、薄切りにして軽く水けを絞り、そのままサラダやあえ物に。きゅうり100グラムに対し塩は小さじ1の割合で、3〜4日は保存可能です。

干す場合は、厚さ5㎜程度の斜め薄切りにし、重ならないように平らなざるに並べます。日ざしの強い夏なら2〜3時間、冬なら1日近く干してしんなり半干しに。このとき目の粗いざるを使うのがおすすめです。目のつんだざるを使うなら、ときどき上下を返します。目が粗いざるなら、その手間はいりません。

干しきゅうりは、あえる料理はもちろん、炒める、揚げるなどの料理にも使えますし、水分が抜けているので火の通りがよく、独特の歯ざわりと存在感のある味わいが楽しめます。

すぐ使う場合も、きゅうり特有の青臭さや余分な水分を除き、適度な下味をつけるために、サラダやあえ物に使う前には、私は塩もみを欠かしません。乱切りや少し厚めに切ったきゅうりは塩少々をふってもみ、しばらくおいて水けが出たら絞ります。ごく薄切りの場合はもむとくずれるので、塩水につけてから水けをきって使います。

塩もみきゅうりや干しきゅうりは覚えておくと、料理のレパートリーを驚くくらい広げてくれます。

① 塩もみきゅうりのサンドイッチ

これはわが家のきゅうりサンドの定番です。きゅうりサンドはイギリスのアフタヌーンティに出てくるサンドイッチですが、イギリスのきゅうりは、ゴーヤくらい長くてゴツいもの。日本のおいしいきゅうりに慣れた私には、あまりおいしいとは言えません。ですから、ただスライスしてはさんだきゅうりサンドはあまりぱっとしないものです。

日本のきゅうりでも同様に作ってみたのですが、何かもの足りない。ある時、塩もみきゅうりを挟んでみたら、これは美味でした。きゅうりの切り方、塩もみの方法、はさみ方などがどんどんエスカレートして、今のかたちに落ち着きました。

ボリューム感とともに、きゅうりのパリパリとした食感がたっぷり欲しい、またやわらかなパンにきゅうりの種とその周囲のゼリー状の部分が入るのがどうしても嫌だったので、種を全部除き、薄切りにして塩でもむとシコシコ、パリパリッとした食感がとてもいい具合になりました。

きゅうりに限らず塩もみにするとかさが減るので、野菜が驚くほどたくさんとれます。このサンドイッチも食パン1セット（2枚）に対し、きゅうり2〜3本あまり入ります。作るのは大変ですが、その分おいしいと思います。

●塩もみきゅうりのサンドイッチ
【材料の目安・2人分】
きゅうり　6〜7本
塩　大さじ1強
食パン（サンドイッチ用）　4〜6枚
無塩バター　適量
★塩の量はきゅうり100gに対し、塩小さじ1の割合で。

きゅうりは塩でもむとどんどん水が出てくるのです。そこでふきんでとことん絞ります。できればさらしのふきんを使ってみてください。ぎゅうと絞める感じに絞れます。それも私は1回や2回ではなく、多分4～5回は絞っていると思います。

水分が多いきゅうりは、いったん傷むとすぐ腐り始めます。ですが、新鮮なうちにまず水分を出すと、香りも歯ごたえもよくなっておいしくなるのです。

最後にパンにはさむ前にもう1回仕上げに絞ります。具はきゅうりだけです。塩けのあるきゅうりのみでいただくサンドイッチなのです。

1）きゅうりは縦半分に切って種の部分を除き、斜め薄切りにしてボウルに入れる。

2）分量の塩をふり、軽くつかむようにしてもみ、15～20分おいて出た水分をよく絞る。

3）サンドイッチ用の薄い食パン4～6枚にバターをたっぷりぬり、2～3枚に**2**のきゅうりをたっぷりのせる。

4）2～3セットのサンドイッチにしてラップでギュッと包み、10分ほどおいてなじませる。

5）1セットを各々4等分に切り分けて器に盛る。

このサンドイッチはもう一つ、おいしいバターをたっぷりぬることもポイント。バターがおいしくないときゅうりサンド全体の味も落ちますから。食べ始めたらあっという間に食べ終ってしまうわりには、手間のかかるサンドイッチ。でも一度作るとおいしいので、また作りたくなるサンドイッチでもあるのです。

② 塩もみきゅうりといり卵の餃子

中国の天津《てんしん》で名前も知らない餃子屋さんにふらりと入ったら、当たり前のように水餃子が出てきました。その餃子が、とてもおいしくてびっくり。

日本で餃子というとすぐに焼き餃子を思い浮かべますが、中国の国民食とも言える餃子は水餃子や蒸し餃子が中心です。その店は地元の人たちが食べに来るようなふつうの店でしたから、この水餃子はそこではごくふつうの餃子なのだろうと思いました。

きゅうりは塩もみしてあったかどうかはよく覚えていませんが、卵ときゅうりが皮の中に入っていて、それをお酢で食べるのですが、これがとびきりの美味。

それ以外にもひき肉入りの水餃子や、トマト、魚のすり身に香菜《シャンツァイ》が入ったようなものとか、よもぎのような青菜の濃いグリーンの中身のものなど、いろいろなものがあるのですが、どれをとってもその中身が私の好きな水餃子ばかりで、うれしくなりました。

それ以上に「なんだろう？」と思ったのは、中国の人たちが餃子を頼むとき、「1斤《きん》！」とか「2斤！」と叫ぶのです。どうもそれは1斤分の粉を使った餃子のことらしくて、パン1斤というと250〜300グラムの粉を使いますから、餃子も大皿にどんと出てくるのです。一人なのに1斤注文する人もいて、いくらなんでも食べきれないらしく、みんなビニール袋に入れて持ち帰ります。「家に帰って焼いて食べるのかしら？」と想像しましたが、だれもが当たり前のようにそうしていました。

●塩もみきゅうりといり卵の餃子
【材料の目安・30個分】
きゅうり　4本
塩　大さじ1
卵　4個
塩・ごま油　各少々
餃子の皮(小)　30枚
たれ
- しょうゆ　大さじ3½
- 酢　大さじ1½
- ごま油　大さじ1
- おろしにんにく　1片分
- 豆板醤　小さじ1

★写真→p98

天津には1週間ほど滞在しましたが、なんだか顔がふくらんできたようで、「おいしいけど、小麦粉の料理を毎日こんなに食べるとこうなるの?」と。ビデオ撮りの仕事で滞在していたので、スタッフに「最初の映像と最後の映像では顔が違いますね」と言われたほどです。餃子はおいしいけれど、食べすぎにはご注意!

1)きゅうりは厚さ3㎜程度の薄切りにし、塩でもむ。水けをふきんでよく絞る。

2)卵は塩少々を加えて溶き、薄く油を敷いたフライパンに流し入れていり卵を作る。

3)餃子の皮に**1**とさました**2**の種を等分にしてのせ、皮の縁全体に水少々をつける。中身がはみ出さないようにして半分に折り、縁を押さえてくっつける。

4)たっぷりの湯に**3**を10個ずつ入れ、中火でゆでる。浮いてからさらに2~3分、そのまま加熱してゆで汁ごと器に盛り、たれを添える。残りの餃子も同様にする。

器にゆで汁ごと盛ると熱々のまま食べられます。

ふつうの餃子を作るときは、わが家では皮から作りますが、この塩もみきゅうりといり卵の餃子にはごく薄い皮が欲しかったので市販品を使いました。自分で作ると少し厚い部分があったりしますから。具にはミニトマトを1個入れてもいいですよ。さっぱりしておいしいし、彩りもきれいです。

③ 干しきゅうりと豚肉のさっと炒め

干し野菜を作り始めて30年以上たちます。そもそもなぜ野菜を干すようになったか、まずそのきっかけからお話しします。

日々台所に立つと野菜は必ず残ります。そこでなんとか残り野菜をおいしく長持ちさせたいと思い、最初はゆでたり、それを冷凍したり、漬け物にしたりしていました。でもどれもそんなにたくさん食べられるわけではありません。ある時ふとイタリアのセミドライトマトを見て、干してみようかと思いつきました。

セミドライトマトに出会って、日本の乾物の干ししいたけや切り干し大根もあんなにカチンカチンにしなくても、半干し状態でいいのではと思ったのです。中にまだ水分が残っている程度なら戻さなくてもすぐに使えるし、なによりもかさが減ってたくさんいただけるでしょう。そのうえ、干すと独特の歯ごたえが生まれておいしくなるのですから。

今では実にいろいろな野菜を干して使っていますが、最初はしいたけや大根、そしてきゅうりを干していました。以前、古い本に江戸料理の〝瓜《うり》の雷干し〟というのが出ているのを読んで、おもしろいと思ったからです。雷干しというのは、瓜の皮をぐるぐると螺旋《らせん》状に切って軒下にぶら下げて干すと、そのかたちが雷の稲妻のように見えるところからついた名前。この名の由来には諸説あるようで、干し上げたものが雷の太鼓に似ているからとも言われています。毎年瓜の雷干しを作ってその歯ごたえを楽しんでいたので、「きゅ

●干しきゅうりと豚肉のさっと炒め

【材料の目安・4人分】

きゅうり　4本

豚薄切り肉　100g

にんにく　1片

ごま油　大さじ2

A
- しょうゆ　大さじ1程度
- 酒　大さじ1
- こしょう　少々

うりも干すと絶対においしいはず！」と確信したのです。
干したきゅうりは本来の味わいがぎゅっとつまってシコッとした歯ごたえ。同様に干したセロリなどといっしょに二杯酢や三杯酢であえたり、ドレッシングをかけても美味です。ちょっと火を入れて炒め物にすると、これがまたおいしいおかずになるのです。干しなすなど野菜どうしでもいいですが、干しきゅうりと豚薄切り肉を炒めるとごはんがすすむおかずになり、おすすめです。とにかく、生食で使うことの多いきゅうりですが、この炒めものを食べると、加熱きゅうりに病みつきになります。

1）きゅうりは5㎜厚さ程度の斜め切りにし、夏なら天日に2〜3時間干す。

2）豚肉は1〜2㎝幅に切り、にんにくはみじん切りにする。

3）フライパンにごま油を熱してにんにくを炒め、香りが出てきたら**2**の豚肉も入れてカリカリになるまで炒め、Ａの調味料を加えて調味する。

4）さらに**1**のきゅうりを加え、さっと炒め合わせる。

全体の味つけはしょうゆ味以外に塩・こしょう味でもいいですし、しょうがと炒めて酢じょうゆで味つけしてもＯＫで、それはお好みです。

とにかくきゅうりの炒め物で塩けをつけようと思ったら、その前に水分を抜かないとだめです。生のきゅうりを炒めて味つけしても、ぼんやりした味でふがっとした口当たりの料理になります。ですから、炒めるなら塩もみして水分を絞るか、干して水分をとばすこと。その下準備の一手間をかければ快い食感が味わえ、味もきちんとついて締まります。

ピーマン

私は小さい頃からピーマンが大好き。だからでしょうか、あまり意識したことはないのですが、うちのごはんにはピーマンの料理がよく出てくるらしく、「ピーマン好きなのね」と言われています。

ピーマンは一袋にたくさん入っているので、一度に使いきれないという方も多いようですが、私は一袋、二袋をいっぺんに使ってしまうこともまれではありません。素材をあれこれ混ぜないで、ピーマンだけとか一～二品の素材と合わせるにとどめます。しょうゆやみそで味つけした料理はご飯のおかずにぴったりです。

ピーマンは細く刻んで生でサラダにしたり、網焼きにすることもありますが、少しピリッとさせた、独特の青っぽい香りと自然の甘みが感じられる料理をよく作ります。シンプルで手軽に作れるので出番も多くなるのでしょう。

① ピーマンだけのきんぴら

ピーマンだけのきんぴらというのは、一般的ではないようですが、じつはご飯のおかずにするとおいしくて、驚くほどたくさんのピーマンを食べてしまいます。

ピーマンを縦に切り分けるときは、ヘタを避けながら、上から下に向けて皮をはがすように包丁を入れていきます。縦に六～七つ切りにして皮を取ると、最後には種がヘタごと残りますので、これはゴミ箱に。この切り方なら種がたくさんついた部分を取る手間もあ

●ピーマンだけのきんぴら

【材料の目安・2人分】
ピーマン　10個
ごま油またはEXバージンオリーブオイル　大さじ1
しょうゆ　大さじ2
酒（好みで）　少量

りませんし、種も飛び散らず、まな板も汚れないのでとてもラクなのです。

ピーマンの細切りを作るときは、こうして切り出したピーマンそのままでもよいし、さらに包丁で細く切ってもOKです。種がちょっと入っても別に構いません。

私はオリーブオイルが多いのですが、油はごま油かEXバージンオリーブオイルを使用します。鍋に油を熱してピーマンを入れ、ジャーと炒めるとすぐに色が鮮やかになるので、そこにしょうゆを入れます。するとしんなりしてきます。お好みでお酒を入れてもいいですが、基本的にはしょうゆだけ。すると、しょうゆとピーマンと油がこん然一体となって、とてもおいしくなります。きんぴらにはよく合うはずの七味唐辛子などもめったに振りません。ピーマン自体の独特の辛みと香りを楽しみたいのです。

1）ピーマンはそれぞれ縦に六〜七つに切り分け、ヘタと種の部分を取り除く。

2）鍋に油を熱し、**1**のピーマンを入れて強火で炒める。色が鮮やかなグリーンに変わったら、しょうゆを回し入れてざっと全体を合わせて仕上げる。

ピーマンは辛みのない唐辛子を改良して生まれたものです。ですから辛みのあるものがお好きなら、ピーマンと同種のしし唐とか京都の万願寺《まんがんじ》唐辛子などといっしょに炒めてもおいしいものです。信州の伝統野菜で「ぼたんこしょう」がありますが、これを同じ料理法できんぴらにしても美味。辛さのなかに甘みがあり、癖になるおいしさです。

②ピーマンとみょうがのみそ炒め

「ピーマンとなすのみそ炒め」はごくポピュラーな料理になりましたが、みょうがや青じそといった薬味野菜たっぷりとピーマンも相性抜群です。とくにみょうがは大好きな香り野菜の一つですから、旬にはまるごと甘酢に漬けたり、グリルにしたり、刻んで入れたりとみょうが三昧を楽しみます。このみそ炒めはいつもは脇役のみょうがをピーマン同様主役にした料理です。

みょうがはあまり細かく刻まずに、二つくらいに切っています。個性の強い野菜どうしをみそが取りもつ料理ですから、野菜の青くささがほどよくとれ、みその焼けた香りがなんともおいしいのです。使う油はごま油でもEXバージンオリーブオイルでもいいです。炒めるときにみそだけですとなじみにくいので、ちょっとお酒を入れるとよく味がからみます。青じそは熱を加えると香りがとんで色も悪くなるので、最後に加えるか、盛りつけたあとに、こんもりと飾るようにします。

●ピーマンとみょうがのみそ炒め

【材料の目安・4人分】

ピーマン　5個

みょうが　5～8個

青じそ　20枚

ごま油またはEXバージンオリーブオイル　大さじ3

みそ　大さじ3程度(みその辛さによる)

酒　大さじ1½

1）ピーマンはヘタのほうから縦に包丁を入れて二～四つ割りにし、ヘタと種を取り除く。みょうがは縦二つに切り、青じそは大きく切り分けるか、手でちぎる。

2）鍋に油を熱し、**1**のピーマンとみょうがを炒める。全体に油が回ったらみそを加えてからめ、香ばしく炒めてから酒を回し入れ、最後に**1**の青じそをざっとからめて仕上げる。

③ ピーマンとかぼちゃの煮物

●ピーマンとかぼちゃの煮物
【材料の目安・4人分】
かぼちゃ　300g
ピーマン　10個
ごま油　大さじ3
砂糖　大さじ3
しょうゆ　大さじ3〜4
酒　大さじ3〜4

この煮物はピーマンをまるごと入れて作るので、小ぶりなピーマンを用いてください。いかにも夏、と感じさせる料理です。

野菜でも栄養価がトップクラスと言われるかぼちゃと、熱に強いビタミンCをたっぷり含むピーマンを組ませたら、猛暑でも元気に切り抜けられる、そう思えます。

小さいピーマンなら、種も取らずにまるごと。大きければ半分に切り、種を除いてください。鍋一つに次々と材料や調味料を入れ、ラフに作ることができる煮物です。

1）かぼちゃは種とワタを除き、皮をところどころむいて、5〜6等分にする。
2）ピーマンはヘタのまわりに包丁目を入れ、ヘタと種を引き抜き、まるごと使う。
3）鍋にごま油を熱し、**1**のかぼちゃを入れて炒める。全体に油が回ったらかぼちゃを寄せ、空いたところに**2**のピーマンを入れて軽く炒める。
4）かぼちゃに砂糖をパラパラとふり、全体にしょうゆと酒を入れ、落としぶたをして中火で煮る。かぼちゃがやわらかくなったら火を止め、しばらくおいて器に盛る。

火を止めてもすぐに盛らず、そのまましばらくおくほうが味がしみておいしくなります。また、これは冷めてもおいしい夏らしい煮物です。

ズッキーニ

外見はきゅうりに似ていますが、実はかぼちゃの仲間です。かぼちゃ同様のすばらしい栄養価に加え、味にクセがなく、しかもカロリーの低い野菜ですから、ズッキーニの人気は年々高まっているようです。

原産地は南米ですが、ヨーロッパに伝わってからはイタリアやフランスなどでよく用いられてきました。最近は日本でも、ポピュラーな緑色種のほか、黄色のもの、濃緑色や黒いものなども登場。黄色のズッキーニは他より皮がつるつるしていてやわらかいので、食感が少し違う感じがします。

ズッキーニは鮮度により味が大きく変わる野菜なので、皮のハリやツヤのほか、ヘタやお尻の部分もチェックして買うこと。鮮度が落ちると底部から枯れてくるので、底の周辺にハリがあり、ヘタの切り口がみずみずしいものが新鮮です。

調理の際、ヘタと底部は切り落としますが、どの品種も皮はむかずに食べられます。

ズッキーニはオリーブオイルなど油と相性がいいので、油を用いて料理することで香りやうまみが増します。

① ズッキーニのせん切りサラダ

ズッキーニは基本的には加熱していただく野菜です。イタリアの家庭でもあまり生では食べないのですが、あるレストランで出てきた生のズッキーニのアンティパスト（前菜）

にレモンをたっぷり絞っていただいたらとてもおいしかったので、わが家風のフレッシュサラダにアレンジしてみました。

生で食べるには、ズッキーニ選びが大切。小ぶりな若いズッキーニを使うとおいしくいただけます。ズッキーニはだんだん熟してくるとムッチリした食感になりますが、若いうちはカリカリしています。その歯ごたえを生かしてせん切りにしていただくと生でも美味。

若いズッキーニをせん切りにし、EXバージンオリーブオイルとケイパーの塩けをプラスし、レモン汁をたっぷり絞っていただくと新しいおいしさに出会えます。

1）ズッキーニは洗って水けをふき取り、ヘタと底部を取り除き、5〜6㎝長さに切る。各々をねかせて薄切りにし、少しずつずらして全部をできるだけ細いせん切りにする。

2）器に**1**のズッキーニをこんもりと盛り、あればケイパーとEXバージンオリーブオイルをふりかける。

3）レモンを添え、食べる際にギュッと絞り、軽く混ぜていただく。好みで塩・こしょう各少々をふってもよい。

これは野菜だけのシンプルなサラダですが、もう少ししっかりしたおかずにしたいときは、スモークサーモンを添えると相性抜群です。これにフレッシュトマトやさらし玉ねぎなどをプラスすれば、さらに彩りもボリュームもアップ。

かぼちゃは完熟してから収穫しますが、ズッキーニは開花後1週間以内で収穫するのが一般的。若くフレッシュなズッキーニなら生でいただいてもおいしいのですが、ちょっとおいたズッキーニは蒸し煮やグリル、ソテー、フライなど、加熱していただくほうがおい

●ズッキーニのせん切りサラダ

【材料の目安・4人分】
ズッキーニ（若いもの）　3本
ケイパー（塩漬け）　適量
EXバージンオリーブオイル　適量
塩・こしょう（好みで）　各少々
レモン　1個

★写真→p101

しいと思います。

②ズッキーニのグリル

ズッキーニを焼いて食べます。網焼き、フライパン焼き、どちらでもいいですが、おいしく仕上げるためにはその切り方と焼き加減にポイントがあります。

一般的にはよく輪切りにしてグリルやソテーにしますが、なるべく大きく切り、食べる直前まで包丁を入れないほうがおいしくいただけます。

焼き方は、強めの火で少し歯ごたえを残して、さっと焼きます。

●ズッキーニのグリル
【材料の目安・4人分】
ズッキーニ（若いもの） 4本
EXバージンオリーブオイル 適量
塩 少々

1）ズッキーニは洗って水けをふきとり、ヘタと底部を除き、縦半分に切る。
2）網焼きまたは薄く油をひいたフライパンで、強めの中火で皮と実の両面を軽く焼く。
3）焼きたてを器に盛って軽く塩をふり、ナイフとフォークで食べやすい大きさに切り分けながらいただく。

このように縦半分に切って大きいままで焼き、自分で切り分けながらいただくと、ズッキーニのおいしさが充分に味わえます。一口大に切ってから焼いたものと全然違う味わい。ズッキーニは1日収穫を遅らせると、びっくりするほど大きくなってしまうのだとか。若いズッキーニなら軽くグリルするだけでOKです。

イタリアでズッキーニ料理というと、中をくり抜いて刻んだ野菜とチーズまたはひき肉を詰めて加熱したり、ズッキーニの花にチーズや肉を詰め、蒸したり揚げたりすることが多いのです。イタリアのズッキーニは、果肉がしっかりしていて崩れにくいので、このように料理できますが、日本のズッキーニでは難しいと思います。日本でズッキーニを味わうなら、日本のズッキーニに合うグリルや蒸し煮などのシンプルな調理法が私は好きです。

③ ズッキーニと夏野菜の蒸し煮

長野県の道の駅に行くと、細長いものから丸い形のものまで、さまざまなズッキーニが並んでいます。6～8月の旬の頃は、同じ頃に出盛りの夏野菜といっしょにオイル蒸し煮にしたり、スープ蒸しにするなど、少し火を入れることで、せん切りサラダやグリルとは違った季節のおいしさを存分に楽しみます。

好みの夏野菜いろいろを大きく切って鍋に入れ、好みのハーブ、塩・こしょうを入れ、オイル蒸しならEXバージンオリーブオイルを加えて軽く混ぜ、スープ蒸しならスープを加え、ふたをして蒸し煮にするだけ。作り方はごく簡単です。

オイル蒸しの場合は、火が入ると野菜から徐々に水分が出てくるので水は不要です。もしも薄手の鍋で焦げつきが心配なら、大さじ1～2杯の水を加えれば大丈夫。できれば厚手の鍋を使って水を入れずに蒸し煮にすることをおすすめします。

出盛りの夏野菜なら好みのもので大丈夫とお話ししましたが、あえていうなら、ズッキーニとにんにくのほかに、トマト、なす、玉ねぎなどを使った蒸し煮の出番が多いかもしれません。ピーマンやパプリカ、いんげんやかぼちゃが登場することも。唐辛子を入れてピリッとさせてもおいしいです。

1）野菜は各々一口大に切り（なすは水にさらす）、にんにくは包丁の腹でつぶす。

2）厚手の鍋に**1**とハーブを入れ、塩をふって軽く混ぜ、EXバージンオリーブオイル（スープ蒸しの場合はスープ）をたっぷりとかけ、ふたをして野菜がやわらかくなるまで煮る。好みで粗びき黒こしょうをふる。

以上は、基本というか、ごくラフに作るオイル蒸しの手順です。

フランスの「ラタトゥイユ」やイタリアの「カポナータ」も、数種類の野菜をオイル蒸しにしたものです。カポナータは野菜を素揚げしてから煮るので、ラタトゥイユよりコクがある仕上がりになります。夏野菜を何種類かと調味料（好みのハーブ、にんにく、塩など）を加え、ふたをして弱火で20分ほど蒸し煮にすればでき上がり。

さらにカポナータには、オリーブの実やケイパー、唐辛子、時にはバルサミコ酢を加えて仕上げますが、いずれにしても何種類もの野菜がたっぷりとおいしくとれる調理法です。

●ズッキーニと夏野菜の蒸し煮

【材料の目安・4人分】

ズッキーニ　2本
なす　2〜3個
玉ねぎ　1個
トマト　2個
にんにく　2片
ハーブ(ローリエ、タイムなど)　適量
EXバージンオリーブオイル　大さじ3
塩　適量
粗びき黒こしょう　適量

★ハーブはフレッシュハーブのかわりに、ドライのハーブミックス(タイム、バジル、セージ、オレガノ、ローズマリーなど)小さじ1を加えてもよい。

しいたけ

きのこ類のなかでもとくに身近な存在の生しいたけ。カロリーが少ないのにうまみたっぷり、おいしくてヘルシーな素材です。ただし、いつもは縁の下の力持ち的な存在で、なかなか主役で味わうケースは少ないようです。ここでは、主菜になる料理をご紹介します。

しいたけは、かさが肉厚で、軸に向けてしっかりと巻き込んでいるものを選んでください。軸は太くて短めのものが良品です。かさが開いていたり、かさの裏のひだが変色しているものは古いので避けましょう。

使うときには洗わないのが基本です。水洗いすると味や栄養が落ち、せっかくの風味もとんでしまいます。汚れは調理用のハケやふきんで軽く払うか、湿らせたキッチンペーパーなどでふくようにします。

汚れを落としたしいたけは、まず石づきを除きます。石づきというのは、軸の根もとのかたい部分。軸からもいいだしが出るので、軸は残します。軸つきの生しいたけは、かさの中央に切れ目を入れて、そこから下まで手で裂きます。こうするとかさに軸がついたまま使え、包丁で切るより歯ざわりがよくなります。

かさだけを使う場合は軸をひねって取って用いますが、残った軸を細く裂いて炊き込みご飯や汁の実、ひき肉料理にたっぷり加えるとおいしくなります。

生しいたけは冷蔵保存しても、意外に日持ちがしないものです。早く使いきるのがいちばんですが、長くもたせたい場合は風の通る場所で干してから保存を。さらにもたせたい場合は、しいたけを軸ごと裂くか、軸を取ってかさを下にしてざるに広げ、約1日、太陽に当てて干します。こうして冷凍保存すれば、おいしさを残したまま1か月近くもちます。

①焼きしいたけの山かけ

私の好きなきのこの料理に「網焼き」があります。しいたけ、まいたけ、エリンギ、どんなきのこも、網焼きにするとよい香りが増して、さらにおいしくなります。そこへすりおろした山いもをかけますが、わが家ならではのおいしさへの工夫はさらにその上に「しょうゆ卵」をのせることです。この二つで焼きしいたけが、ボリュームを増し、グレードアップした感じになります。

山いもは水分の多い長いもは避け、ねっとりして、とろろにすると弾力のある大和《やまと》いもを使います。「しょうゆ卵」は卵黄を一晩しょうゆ漬けにしたものですが、生卵とは異なりウニのような濃厚な味わい。これが焼きしいたけと合います。

1）小さい器に卵黄を1個ずつ入れ、しょうゆを注ぎ、一晩冷蔵室に置く。
2）しいたけは石づきを除き、かさに包丁で切れ目を入れ、軸ごと手で二〜四つに裂く。
3）焼き網を熱し、**2**のしいたけの両面を焦げ目がつくまで返しながら焼く。
4）山いもは皮をむいて5分ほど酢水につけ、細かい目のおろし金でおろす。すりおろさずに、酢水につけた山いもを袋に入れ、すりこ木などで叩いて使ってもよい。
5）器に**3**の焼きしいたけと**4**の山いもを盛り、中央を少し凹ませて**1**の卵黄をしょうゆごとのせて、生わさびを添える。

この料理はおかずにしても美味ですが、そのままご飯にのせて丼物にするのもよし、ま

●焼きしいたけの山かけ
【材料の目安・2人分】
生しいたけ　8個
山いも　150g
酢　少々
しょうゆ卵
├卵黄　2個分
└しょうゆ　小さじ3
おろしわさび　適量

ぐろの山かけ丼に焼きしいたけを加えていただいてもよし。

香り高い焼きしいたけは、ゆでたほうれんそうや春菊といっしょに柚子あえにしたり、EXバージンオリーブオイルであえたり、いろいろに使えます。焼きしいたけの炊き込みご飯もおいしいものです。

②いろいろきのこの煮びたし

身近にある4〜5種類のきのこを合わせて使うと、それぞれのきのこのだしがたっぷり出て、うまみも香りもよい料理に仕上がります。

きのこの種類は、なんでもお好みで使ってください。かつおだしに、だしの出る数種類ものきのこのうま味が加わると、「どうしてこんなにおいしいの！」と思うくらいのうまみのハーモニーが楽しめます。

●いろいろきのこの煮びたし
【材料の目安・2人分】
生しいたけ　4個
しめじ　1パック
えのきだけ　1袋
エリンギ　1本
煮汁
かつお節のだし汁（→p174）　2カップ
しょうゆ　小さじ1½
酒　大さじ3
塩　小さじ½

1）生しいたけは石づきを除き、かさに十文字の切れ目を入れ、軸ごと手で四つに裂く。
2）しめじとえのきだけは石づきを除いて小房に分ける。エリンギは手で細く裂く。
3）鍋に**1**と**2**のきのこを入れ、だし汁をひたひたよりやや少なめに注いで中火にかける。
4）しょうゆと酒を加えて煮る。全体に火が通り、材料がしんなりしたら塩で味を調える。
お好みで粉山椒または七味唐辛子をふってもいいですし、柚子の皮のせん切りなども合います。

私は新そばの出るころになると、この煮びたしを作っておき、そばをさっとゆでたうえに、かけていただくのが好きです。わさびをのせていただくとよいアクセントになり、おいしいのです。

3 しいたけの肉巻きフライ

このフライは、召し上がった方がなんとおっしゃるかがちょっと楽しみな料理です。「これはカキフライ?」と言う人もいれば、「この中身は何ですか?」と聞く方もいらっしゃいます。

かさをできるだけ薄く切り、軸もごく細く裂いて、しゃぶしゃぶ用のようなごく薄切りの豚肉でかさと軸をぎっしり巻き、衣をつけてフライにします。揚げてしまうと、うま味は残っているものの豚肉かどうか分らないぐらいの薄い豚肉なので、中のしいたけの味が際立つのです。

フライの中身はしいたけだけなのですが、一見するとカキフライのよう……。見た目だけではなく食べてみても、しいたけのかさと軸がぎゅっと詰めて揚げてあると実際カキに似た濃厚な味がするのです。ですから軸が絶対必要なのです。しいたけにオイスターソースをほんの少し混ぜて巻いたら、本当に間違えてしまいます。

きのこ類の軸はうまみが豊富です。私はかさよりむしろ軸が好きで、軸だけでこの料理

●しいたけの肉巻きフライ

【材料の目安・4人分】

生しいたけ 12個
豚薄切り肉 250g
衣
- 小麦粉 適量
- 溶き卵 1個分
- パン粉 適量

揚げ油 適量
塩・こしょう 適量
ソース(薬膳ソース→p39) 適量

を作ってもいいくらい。食材に味をつけて加熱すると水分が出ますので、なにも味をつけないで肉巻きにするのがよいでしょう。揚げたてにソースをつけていただきます。

1）豚肉に軽く塩・こしょうをする。

2）しいたけは石づきを除き、軸をかさに押しつけるようにしてひねって取る。かさの部分は包丁でごく薄切りにする。軸は手でごく細く裂き、かさの部分と軽く混ぜる。

3）豚肉を平らにして広げて、**2**のしいたけを等分にして乗せ、きっちりと俵形に巻く。巻き終わったら、はみ出したしいたけをなかに押し込みながら両側を押さえて形を整える。

4）**3**の肉巻きに小麦粉を薄くまぶし、溶き卵をくぐらせてパン粉をつける。

5）揚げ油を中温（170度）に熱し、**3**の肉巻きを入れてときどき上下を返しながら、衣がきつね色になるまで揚げる。

【もう一言】イタリアのきのこ料理は素材の味を生かして味わう

いちばん手軽なきのこの食べ方といえば、ソテーしたり生で味わうこと。いい材料ほどシンプルに料理し、素材そのものの味をじっくり味わうようにします。

例えば、イタリアを代表するきのこのポルチーニなら「ポルチーニのステーキ」。これはポルチーニをソテーしたあと、軽く塩をふってレモンを絞るだけの一皿です。日本でこれを作るなら、肉厚の生しいたけをＥＸバージンオリーブオイルとにんにくでソテーしてはいかがでしょうか。

イタリアでは、真白い卵が地面からはえたようなタマゴタケとかマッシュルームは生のまま薄切りにし、パルミジャーノチーズやEXバージンオリーブオイルをかけて食べる風景もよく見かけます。ところで去年、日本では珍しいタマゴタケ（写真↓p104）が、夏の信州でたくさん採れたのにはびっくりしました。

f

安価であると同時に使いやすい野菜

もやし、ねぎ、にらは、どれも安価な庶民派ですが、下ごしらえに手間がかかるわけでもなく、皮をむく必要もなく、火の通りも早いので、時間的にも助けられることの多い頼もしい野菜です。そのうえ、ねぎは冬、にらは早春が旬とはいうものの、今や一年中ほぼいつも店頭に出ているので、気軽に手に入れられます。

このような当たり前に思える野菜こそ、料理するときの火の強さや加熱時間がダイレクトに味に反映するものです。おいしく味わうためには、そのコツをしっかりつかんでいただきたいと思います。すぐにできて、みんなが喜ぶレシピをいくつかマスターしてあれば、これほど心強い野菜はありません。

もやし

本来、「もやし」は漢字で「萌《も》やし」と書くのだそうです。いつからか豆類や米、麦、野菜の種子を水に浸し、日光を遮断して発芽させた若芽をそう呼ぶようになりました。ですから、おなじみの貝割れ大根、ブロッコリースプラウト、アルファルファなども、もやしの仲間です。

もやしが豆類の若芽であることは、もやしの先に豆のからがついていることで、よくわかります。大豆から作る「大豆もやし（豆もやし）」は独特の歯ごたえがあり、いかにも日本のもやしらしい味わいです。小粒の大豆で作った「小大豆もやし」はシャキシャキとして、私はごく新鮮なら生でも使います。「黒豆もやし」はよりシャキッとした歯ざわりです。

見た目はか弱いイメージですが、安価ですし、ビタミンCをはじめとする栄養も豊富なので、じつはもやしは頼もしい野菜。ただし、日もちがしないので購入したその日のうちに使いきりたいものです。保存するとしても、冷蔵庫に入れ、1～2日で使いきります。

少し手間はかかりますが、根のついているふつうのもやしは、一本ずつ手でひげ根の先端を除きます。この一手間で格段に口当たりがよく、仕上がりもきれいになります。最近は〝根切りもやし〟といった商品やひげ根を除かなくてもそれほど気にならない〝小大豆もやし〟などもありますから、よく商品を確認して購入を。

もやしはそのシャキシャキした歯ざわりが命。冷水につけて少しおき、強火で短時間加熱がおいしさのコツです。

① もやしだけの炒め物

新鮮なもやしを強火でジャッと炒めただけのシンプルな炒め物ですが、とてもおいしいものです。私はきっぱりもやしだけというのが好きです。とはいえ、もやしの味の引き立て役として、にんにくまたはしょうがは使います。

この炒め物にふつうのもやしを使う場合は、必ずひげ根を取り除きます。もやしは、ひげ根の部分が傷みやすく、少しおくとすっぱい臭いがしてきます。小大豆もやしは取らなくても割合長くここがしっかりしています。

●もやしだけの炒め物
【材料の目安・2人分】
もやし　1袋(250g)
にんにくまたはしょうが　1片
ごま油(またはEXバージンオリーブオイル)　大さじ1
塩・こしょう　各適量

1）たっぷりの冷水にもやしを入れて軽く洗い、浮き上がった豆の皮はていねいに除く。さらにふつうのもやしならひげ根を取り、ざるに上げて水けをきる。

2）にんにくなら包丁の腹で押さえて叩きつぶし、しょうがなら皮ごとせん切りにする。

3）大きい底の広い鉄のフライパンを煙が出るほど熱してから、ごま油（またはEXバージンオリーブオイル）を入れ、弱火にしてにんにくまたはしょうがを入れる。

4）にんにくの香りが立ったら**1**のもやしを入れて鍋いっぱいに薄く広げる。もやしを入れてからは強火にし、動かさずに30秒、上下を返して、軽く塩・こしょうをふる。

余熱でも火が通るので、炒めすぎないよう、少し早いかなと思うくらいで火を止めます。炒めるのは食べる直前に、というのも私が気をつけていることです。

② バインセオ

ベトナム旅行をしたことがある方なら聞いたことがある料理でしょう。

かつて足しげくベトナムに通った時期がありました。とても安いのにエキゾチックでしゃれたベトナムの器や雑貨を買い求めたり、未知の食材を探したり、ベトナムに魅せられた理由はいろいろでしたが、その何割かは「バインセオ」のためだったのかもしれません。

初めてベトナムを訪れて最初に食べたのがこの料理だったのですが、見たことも聞いたこともない料理で衝撃を受けました。見た感じは、「お好み焼き？　それともオムレツかしら？」と思いましたが、外の皮はパリパリに薄く香ばしく焼けていて、口に入れるとモチッとしてなんともおいしいのです。あとで知ったのですが、この食感は皮に米の粉を入れているからだそうです。

二つ折りにしてある、そのすきまからは、あふれんばかりのもやしがのぞいています。このもやしは最後のほうで入れるのでしょう。ほとんど生か半生状態になっています。もやしに火が通りすぎてしまうと、おいしくありません。えびや豚肉、玉ねぎなどもたっぷり隠れています。

一つの料理にこれだけバランスよく野菜や肉・魚介類が入っているのはまれなことですが、さらに四〜五種類の葉（香草）でくるんでいただくので、これだけ食べたら栄養的にはパーフェクトという感じ。何よりもおいしいので、本当にいい料理だと感心しました。

葉で包み、甘酸っぱくて辛いヌクマム入りのたれをつけていただくと、やみつきになります。ですから、しばらくして日本でバインセオを出すベトナム料理の店ができると、すぐに行ってみたりしましたが、そのたびにがっかりすることになりました。ベトナムで食べたあのバインセオではなかったのです。

　その頃のベトナムではバインセオは屋台の〝バインセオ屋〟に食べに行くものでした。たいてい店は狭い小路にあり、奥の座席にお客が座り、焼き係のおばさんのまわりにはカンカンに熾《おこ》した炭のコンロが5〜6個置かれています。そのどれもに使いこんだ鍋がのっていて、おばさんが手際よく材料を放り込みながら次々とバインセオを焼き上げる姿が、とても面白かったのです。

「ああ、自分でも作りたい！」と心底思いました。ですが、当然のことながらレシピなんてありません。そこで、なんとか目で見て覚えようと、おばさんの手元を観察しました。——そのために何度通ったことでしょうか。よくよく見て帰るのですが、思ったようにできなくて、「違うわ！」と、また確かめに行く。そこで写真を撮ってきたけどわからず、ついにはビデオまで持ち出して、それでもうまくいかなくて……。

　バインセオ屋では、炭火の入ったコンロを熱源にして、フライパンのような平たい鍋底でなく、丸みのある中華鍋のような鍋を使っています。コンロに鍋の底全体を収めるようにして焼いているのです。これが、ベトナムのバインセオの味を決める一つの要因だと思います。そもそも東京のキッチンでガス火を使って作るのと違うので、味を再現するのはとても大変でした。

●バインセオ

【材料の目安・3〜4個分】

生地｜米の粉　2/3カップ
ココナッツミルク　2カップ
卵　2個
ターメリック(あれば)　小さじ1

豚薄切り肉(細切り)　200g
むき小えび　200g
玉ねぎ　1個
小大豆もやし　1袋
しめじ　1パック
青ねぎ　2〜3本
サラダ油　適量
ヌクマム、こしょう　各少々
香り野菜(バジル、ミント、大葉、香菜など)　各適量

つけだれ
ヌクマム　大さじ3
酢　大さじ2〜3
メープルシロップ(エキストラライト)　大さじ2(または砂糖　大さじ1 1/2〜2)
水　大さじ2〜3
にんにく(みじん切り)　1個分
赤唐辛子(細切り)　1〜2本

中華鍋の底全体に火を行き渡らせたり、くるくる回しながら作ってみたり、挑戦と試行錯誤を繰り返し、その結果、まったく同じではありませんが、なんとかこれならば、と思うものが作れるようになりました。

1）米の粉をココナッツミルクと卵液で溶き、あればターメリックを加え、よく混ぜて、30分くらいねかせておき、生地を作る。つけだれの材料を混ぜ合わせておく。

2）豚肉と小えびはそれぞれ軽くゆで、玉ねぎは薄切りにし、もやしは水洗いをする。しめじや青ねぎを入れる場合は、しめじの石づきを取ってばらし、青ねぎは斜めに切る。

3）中華鍋を火にかけ、油をよくなじませる。火は終始弱火で、まず**2**の豚肉と小えびを炒めて、ヌクマムとこしょうで味をつけ、取り出す。鍋全体をよく熱して油を流れるくらい入れてなじませる。**1**の生地を流し、鍋をまわしながら生地を薄くひろげ、鍋肌にはりつかせる。生地全体にムラなく火が当たるように鍋を動かす。

4）**3**の豚肉と小えび、生の玉ねぎを全体に散らす。しめじ、青ねぎをのせ、その上に水けをよくきった**2**のもやしを全体に散らし、ふたをしてもやしに軽く火を通す。

5）ふたを取り、焦げつかないようにときどき鍋底にフライ返しを差し入れながら、生地にこんがりと焼き色がつく程度まで焼き、縁《ふち》がパリパリになったら半分に折って皿に取る。

6）香り野菜をさっと洗って別器に盛り合わせ、**5**の皿に、**1**のつけだれとともに添える。

バインセオを上手に作るコツは、皮をパリッと焼くことと、鍋をよく動かして全体にむらなく火を通すこと。大きく作るのが難しいようなら、小さく作りましょう。皮は卵だけで作ってもよいでしょう。バインセオではなく、ベトナム風オムレツになります。

★米の粉がない場合は、水漬けした長粒米（インディカ米）をミキサーでひいて作る。それが無理な場合は、食感と風味は少し変わるが小麦粉で代用を。

★写真→p102

私は日本でバインセオを作るときは、シャッキリ感を残すため小大豆もやしを使います。普通のもやし（ブラックマッペや緑豆もやし）ですと、同じような手順でも、やわらかくなりすぎてしまうのです。

3 もやしのカレーマリネ

もやしは生のままでは何日ももちませんが、マリネにすればある程度保存が可能になります。もともと切ったり皮をむいたりする手間も不要な野菜ですから、すぐに取りかかれます。ささっと作って冷蔵しておけば、そのまま食べたり、中華の焼きそばにのせたり、焼いた肉といっしょにいただいたり、常備菜としていろいろ使い回せます。

1）たっぷりの水にもやしを入れて軽く洗い、ざるに取る。小大豆もやしならそのままでもいいが、ふつうのもやしを使う場合にはひげ根を取っておく。

2）ボウルにマリネ液の材料を入れ、よく混ぜ合わせる。

3）鍋に熱湯を煮立てて**1**のもやしを入れ、シャッキリ感を残してゆで、ざるに上げる。

4）ゆでたもやしが熱いうちに**2**のマリネ液とあえ、30分以上おいて味をなじませる。

カレー粉を入れず、酢じょうゆやごま油としょうゆでマリネにしても。さっぱりといただくために、お酢は必ず入れます。

●もやしのカレーマリネ
【材料の目安・1袋分】
もやし　1袋(250g)
マリネ液
カレー粉　大さじ½〜1
EXバージンオリーブオイルまたはごま油　大さじ1
米酢またはワインビネガー　大さじ1〜1½
塩　小さじ½
こしょう　少々

ねぎ

ねぎは、常時なくてはならない野菜です。薬味には欠かせませんし、炒め物や煮物にも毎日のように使います。しっかり焼いたり煮込む場合は長ねぎ、柔らかな口当たりや彩りを楽しむ場合にはあさつきや鴨頭《こうとう》ねぎ（河豚《ふぐ》ねぎとも言う）などの青ねぎが最適。長ねぎを選ぶときは白い部分が長くてつやがあり、巻きがしっかりしてフカフカしていないものを選びます。洋ねぎは、太くてしっかりした巻きで口当たりもかためのポロねぎ（リーキ）、細いものにはチャイブ（シブレット）があります。

冬になると甘みと風味を増すねぎは、体を温め、古くから風邪の予防や疲労回復にも効果があることが知られていました。長ねぎは白い部分しか食べないという人もいますが、栄養は緑の葉の部分のほうが豊富だそうです。緑の部分も細く刻んでかき揚げにしたり、もみ洗いして薬味にするときれいです。この部分はスープを取るときにも使います。また長ねぎのみじん切りは、茎の白い部分に縦に何本か包丁で切れ目を入れてから切ると、楽にきれいにできます。

① ねぎ卵炒め

ねぎと卵さえあれば、本当に手軽にできて、しかもおいしいので、忙しい日のわが家のお助け料理の一つです。おいしく作るには卵をふんわり焼くのが大切ですが、そのためには、いくつかコツがあります。

まず卵を溶くときは菜箸を垂直にし、ボウルの底に菜箸の先をつけたまま一直線に動かし、かき混ぜるのでなく白身を切るようにおおまかに溶きます。

中華鍋で作るふんわりとした卵炒めは、煙が出るくらいに熱した鉄の鍋に油を流れるくらい入れ、溶き卵を流し込んだら3秒ほどそのまま動かさずに焼きます。周囲がふわふわと持ち上がってきたらヘラで卵を下から持ち上げ、2〜3回大きく返すように混ぜて仕上げます。

ふんわり焼いた卵は取り出し、同じ鍋でねぎを焼きつけ、しょうゆを回しかけて、ねぎのしょうゆ焼きを作り、最後に卵を戻し入れ、卵とねぎを合わせます。

1）ねぎは大きめの斜め切りにし、卵は割りほぐして塩を加え混ぜる。
2）中華鍋を熱して油の半量を入れ、**1**の卵液を入れてふんわりと焼き、取り出しておく。
3）残りの油を入れ、ねぎの両面に焼き色がつくまで炒め、鍋肌からしょうゆを入れる。
4）すぐに**2**の卵を戻し入れ、卵が固まらないようにさっと合わせて器に盛る。

この料理のように、常備しているもので簡単に作れるものをレパートリーとして持っていると、おかずに困ったとき、とても助けられます。

●ねぎ卵炒め
【材料の目安・2〜3人分】
卵　3〜4個
長ねぎ　1本
ごま油またはサラダ油　大さじ2
しょうゆ　大さじ1
塩　少々

② 揚げかまぼこのねぎサラダ

かまぼこをごく薄く切って揚げると、いつものかまぼことまったく違う食感になります。

食べた方が皆様、「これはなんですか？」と質問される料理です。

たっぷり合わせるねぎとの相性のよさで、けっこうな量のかまぼこもすぐに食べてしまいますので、お正月などに残ったかまぼこのよい食べ方だと思います。

長ねぎは白髭ねぎにして使います。ねぎは一年中出回っていますが、やはり旬の真冬のねぎがおいしいのです。冬の長ねぎは巻きがしっかりしているので芯まで使えますが、少し季節がずれてしまった場合は、芯を取り除いてから細く切ってください。

長ねぎはせん切りにしたあと、できれば氷水に晒してください。くるくるっと丸まり、口当たりも軽くなって驚くほどたくさんいただけます。この料理はねぎをたくさん使うので、晒さずにこの量を食べたら、負担になるかもしれません。晒したねぎは野菜の水きり器を使って、しっかり水けをきることも忘れないでください。この料理、ビールのつまみにもぴったりで、お酒のあとのご飯にちょっとのせていただいてもおいしいです。

●揚げかまぼこのねぎサラダ

【材料の目安・4人分】

かまぼこ　1枚

長ねぎの白い部分　2本分

揚げ油　適量

しょうゆ　適量

七味唐辛子　少々

★写真→p103

1）長ねぎはせん切りにし、冷水につけてパリッとさせ、かまぼこはできる限り薄く切る。

2）**1**の白髪ねぎの水けをしっかりきり、ボウルに入れる。

3）揚げ油を中温（170度）に熱して**1**のかまぼこを入れ、縁が茶色くなってカリッとするまで揚げる。かまぼこは油に入れたら、くっつかないように、すぐに全体を混ぜる。

4）かまぼこの油をきり**2**のボウルに入れてしょうゆと七味唐辛子を加え混ぜ、器に盛る。

かまぼこ特有の甘みが苦手な私ですが、揚げると食感が独特で好物に変身します。また、揚げかまぼこをさいの目に小さく切り、実山椒とともに混ぜご飯にしてもおいしいです。

3 ねぎと油揚げの刻みうどん

このうどんはねぎと油揚げを、とにかく細くせん切りにして使います。ねぎも油揚げも、うどんのもっちりしたやわらかさとよく合います。少し手間ですが、両方ともていねいに細く切ることが、この料理の唯一のポイントです。

ねぎは青ねぎを。白い長ねぎでもいいのですが、できれば青ねぎかわけぎのほうが、色もやわらかさ加減もうどんに合うと思います。たっぷりの青ねぎを小口切りにし、冷水につけます。これをふきんに取って流水でもみ洗いし、ギュッと水けを絞ると青くささもなくなり、軽い感じになるのです。

すっきりした青ねぎと極細に切ったやわらかい油揚げがうどんにぴったり。もちろんおいしいだし汁は必須です。

1）青ねぎは小口切りにして氷水につけ、ふきんにとって流水でもみ洗いしてぬめりをとり、よく絞る。油揚げは熱湯を通して水分をしっかりきり、二枚にはがし、縦二つに切り、重ねて小口からごく細く切る。

2）生うどんはたっぷりの熱湯でゆでてざるに取り、各自の器に盛る。生うどんでなくて、ゆでうどんを使ってもＯＫ。

3）鍋に煮汁の材料を煮立て、**1**の油揚げを加えてさっと煮て器に注ぎ、青ねぎを盛る。お好みで七味唐辛子をふってどうぞ。このうどんは濃いめにとっただし汁で青ねぎの

●ねぎと油揚げの刻みうどん

【材料の目安・2〜3人分】

手打ち生うどん　3玉
青ねぎ　3〜4本
油揚げ　1枚
煮汁
- だし汁　カップ5
- 塩　小さじ1½
- しょうゆ　小さじ1
- 酒　大さじ1

七味唐辛子(好みで)　少々

おいしさが引き立つので、私は煮干しのだしまたはかつお節のだしを使います。

［もう一言］だし汁を自分でとる方法

だし汁は料理の味の決め手です。吸い物には昆布とかつお節のだし汁、みそ汁には煮干しのだし汁、洋風料理のスープストック……。手間がかかるように見えますが、だしをとるのは習慣にしてしまえば簡単。ぜひ自分でとっただし汁を料理に使ってください。

◎昆布とかつお節のだし汁＝吸い物、汁がたっぷりの煮物、めん類に使うだし汁など、和風料理の基本になるだし汁です。とり方は、79ページを参照してください。

時に応じて、昆布を使わず、かつお節（削り節）だけを用いてだし汁をとる場合もあります。水5カップを沸騰させてかつお削り節40グラムを加え、菜箸で湯に沈めてすぐに火を止めます。そのまま7～10分おいて沈むのを待ち、ふきんで漉します。

◎煮干しのだし汁＝みそ汁のほか、めん類のだし汁などにも合う自然のうまみたっぷりのだし汁。煮干しの苦みの出る部分（えらの内側と頭のなかの黒い部分）を指でちぎって取り除き、一晩水につけてとる「水だし」（↓p63）がおいしくておすすめです。

◎スープストック＝鶏手羽先を蒸してとるスープ（↓p55）や、セロリとその葉、玉ねぎやにんじんの切れ端にハーブを加え、鶏肉を加えてとるスープ（↓p107）は、洋風のスープや煮込みに最適です。

にら

旬は冬から春にかけてですが、やっぱり早春のにらは格別においしいものです。最近はなぜか香りが悪くてゴワゴワした不味いにらが多いのは残念です。

葉先がピンとして葉の色が濃いものを選びますが、やわらかそうな葉のものがおいしいようです。にらの根元の白い部分はにら独特の香りと味がたっぷり含まれているので、根元は切り揃える程度にとどめます。ばっさり切り落としてしまうのは、ちょっともったいないです。

にらは加熱しすぎると色や風味が飛んでしまうので、ほかの素材と炒め合わせる場合には最後に入れ、余熱も考え、早めに火からおろしましょう。傷みやすいので、ラップなどで包んで冷蔵庫で立てて保存し、早めに使いきります。

① えびとにらの卵炒め

えびとにらと卵の相性は抜群。母の手料理では、この組み合わせがよく食卓に登場していたので、私も子ども心に「えび、にら、卵の三つはすごく合うんだわ」と思っていました。この三つの組み合わせはスープにしてもとてもおいしいです。

えびとにらの卵炒めを作るときは、塩味で、彩りも美しく仕上げます。手早く簡単にできますが、各材料の火通りの差を考えて、卵はほかの材料と別仕立てで、ふんわりと仕上げます。まず炒め卵を作って取り出し、次に他の材料を炒め、最後に卵を戻すのです。

1）えびは薄い塩水で軽く洗い、塩・こしょう、酒で下味をつける。

2）にらは4～5㎝長さに切る。卵は割りほぐして酒を加え混ぜる。

3）中華鍋を煙が出るくらいに熱して、油を入れる。**2**の卵液を入れて大きく混ぜ、まだ生のところが残るふんわりとした炒め卵を作り、取り出す。

4）**3**の中華鍋に油少々を補い、**1**のえびを炒める。

5）えびの色が変わったら**2**のにらを加えて炒め合わせ、塩・こしょうで調味し、**3**の炒め卵を戻し入れ、強火でさっと炒め合わせて仕上げる。

えびを上等にしたり、大ぶりにしたり増やしたりしてご馳走にするとか、えびを少なめにして卵を多くするとか、いくらでも加減できるのもこの料理のいいところです。

かつて私はこの料理に芝えびを使っていましたから、今にして思うと高級な料理でした。おかずには中くらいの大きさの冷凍えびを使いますが、それでも充分おいしいです。

② 刻みにらと油揚げのみそ汁

にらはとても個性的な野菜です。いろいろな野菜と組み合わせるより、相手を油揚げだけにすると、にらが別の味に感じられたりします。そのにらも大きく切るのでなく、できるだけ細かく切ると、生にらのあの嫌な感じがなくなります。このごくごく細かく切った

●えびとにらの卵炒め
【材料の目安・4人分】
むきえび　150g
塩、こしょう、酒　各少々
にら　1束
卵　3個
酒　大さじ1
ごま油またはサラダ油　大さじ3
塩・こしょう　各少々

ものをさらに叩いて叩いて、「にらドレッシング」にしてもおいしいです。

みそ汁の具のにらを細かくした場合は、油揚げも同じように細かく切って口当たりをそろえます。ただし、にらは火が通った瞬間がおいしく、煮すぎてくたっとすると味が半減します。シンプルな料理こそよりタイミングが大事です。にらも例外ではありません。

●刻みにらと油揚げのみそ汁

【材料の目安・4人分】

にら　1束

油揚げ　1枚

煮干しのだし汁(↓p63、174)　4カップ

みそ　大さじ3〜4

★みその量は種類(辛さ)に応じて調節する。

★写真↓p202

1) 油揚げは熱湯をくぐらせて油抜きをしたあと二枚にはがし、重ねて細かいあられ切りにする。

2) にらは束ねてごく細かく切る。

3) 鍋にだし汁を温め、**1**の油揚げを入れ、みそを溶き入れる。

4) 汁がふうっと煮立ってきた瞬間に**2**のにらを一気に入れる。

5) すぐに火を止め、手早く椀によそう。

にらは血行をよくして体を温めるので、風邪に効くことは知られていますが、胃腸の働きを整える効果もあります。「二日酔いには、にらのみそ汁が効く」そうなので、お酒飲みの方には朗報かもしれませんね。

【もう一言】重宝するにらドレッシング

にらを細かく刻んで、さらによく叩いたものを調味料と合わせ、ちょっと酢っぱくて辛い中華風のにらドレッシングにすると、これがなかなかあとをひく味わい。

叩いたにら5本分にしょうゆ大さじ2、ごま油大さじ1、豆板醤小さじ1〜2、酢大さじ2を加え混ぜ、好みでにんにくのみじん切り1〜2片分も加えます。

これを蒸し鶏、ゆで豚、蒸しなすなどにちょっとかけていただくと美味。焼き魚やグリルした肉などにもよく合うので、これもぜひお試しを。

3 豚肉とにらたっぷりの炒麺《チャーメン》

この料理は、最近よく見かけるかたくてゴワゴワしたにらで作るのはおすすめしません。「道の駅」や「野菜の直売所」などで、細くてあまり長くない、やわらかいにらが入手できたら、それをたっぷり使って作ってみてください。

あるいは高価ですが、奮発して黄にらをたっぷり使って作れば、間違いなくおいしくできます。

そもそもこの料理は、中華料理好きでよく食べ歩きする方に、「こういうにらの料理を食べさせる店があって……」と、さもおいしそうに聞かされたのが作り始めたきっかけです。

話を聞いて、「ああ、絶対に食べたい！」と思いました。けれどもなかなかその機会がなかったので、「自分で作ろう！」と決心しました。とにかくすぐに食べてみたかったので、行くよりも、詳しく様子を伺って自分が作ったほうが早いと考えたのです。

1）豚肉はバラ肉か肩ロース肉など少し脂身のある部位を用意して細切りにする。

2）たっぷりのにらは4～5㎝長さに切り、にんにくとしょうがは各々みじん切りにする。

●豚肉とにらたっぷりの炒麺
【材料の目安・2人分】
炒め用中華そば　2玉
豚バラ肉または肩ロース肉　80g
にら　1束(小さければ2束)
にんにく　1片
しょうが　1片
塩・こしょう(好みで)　各適量
ごま油　適量
しょうゆ　適量
米酢または黒酢　各適量

3）そば は炒め用の中華めん（炒麺《チャーメン》）を用意する。

4）中華鍋にごま油を熱し、2のにんにくとしょうがを炒め、香りが立ったら1の豚肉を入れてカリカリになるまで炒める。この豚肉に塩、または塩・こしょうで味をつけ、最後にしょうゆをふりかけ肉に味をつける。

5）鍋に3の中華めんを入れてカリカリの豚肉をめんにからめるように炒め、よくなじみ、火が通ったところに2のにらを入れ、ひと混ぜして仕上げる。

6）器に盛り、米酢または黒酢を好みの量かけていただく。

とてもシンプルな料理ですが、この料理を作るには、山のようにたくさんのにらが必要です。ですから、にら好きの方にはたまらない料理ですね。

話をお聞きしてできる限りの想像力を働かせて作ってみたところ、やはりとてもおいしくて嬉しくなりました。ですが、じつは今に至っても、当のその店を訪れる機会はなく、残念ながら、炒麺も食べずじまい。本当はどんなものであるのかは不明なのです。

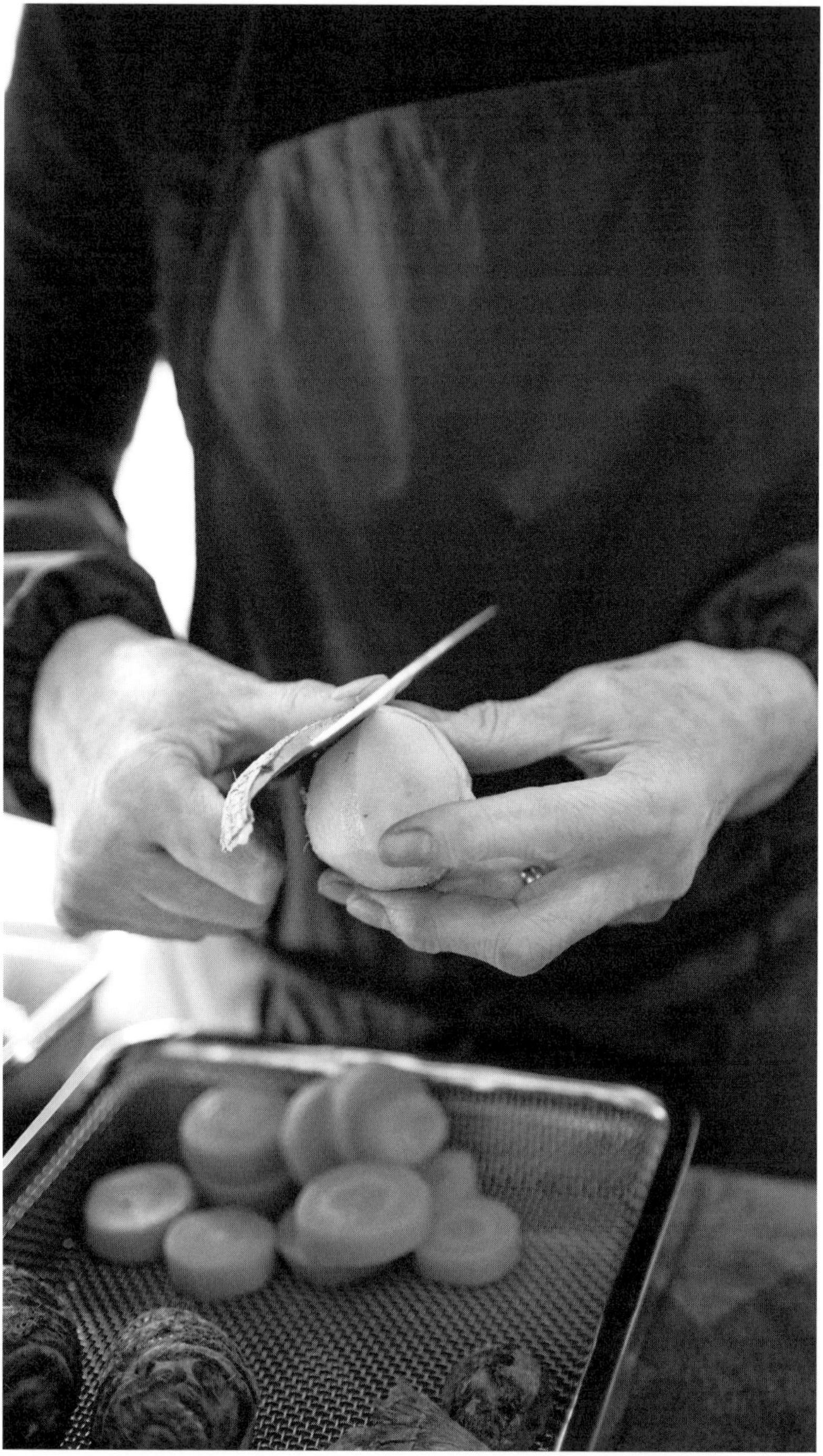

g

ほっくり感がやめられないいも類

里いもや山いもは、独特のほっくり感やねっとり感があとをひくおいしさ。いも類は、暑さがようやく和らぎ、実りのシーズンを迎える秋に収穫期を迎える野菜です。

おいしいことは知っているけれど、扱いにくくて、という方は、ちょっとした扱い方の工夫を覚え、習慣化してしまいましょう。

こうしたいも類を使った料理というと、どうしても和風料理になりがちですが、時には洋風料理やエスニック料理に登場させてみると、新しいおいしさに出会えます。

里いも

里いもは暑くて湿気の多いアジア独特のいもですが、何と言っても日本の里いもはいちばんおいしいと感じます。ほかの芋にはないねっとり感は、「土」に由来するものではないかと私は思っています。

買うときは、ぜひ泥つきのものを選んでください。しっとりとした泥がついているくらい、掘りたてのものだとさらにいいのです。里いもは掘ってから長く置くほど皮がかたくなり、あわせて味も格段に落ちます。掘りたてのものと採ってから時間がたったものとでは別のものを食べているのではないかと思うくらいです。ですから、ぜひ新鮮さにはこだわっていただきたいのです。そして泥つきなら時間がたっても中心のほうはおいしいので、素材の味に厳しい料亭などでは皮を厚めにむいて、中心だけしか使わないほどです。

里いもの皮は、掘りたてですと、よくタワシでこするととれてしまうくらい薄いのですが、空気に触れていると中身を守るために、だんだんかたくしっかりしてきてしまいます。里いもの皮は中身を守るためのものだということが、両方を食べてみるとはっきり分かります。ですから皮をむいて売っている里いもは、私は買いません。

泥つきの里いもは少し水につけてから、小ぶりのタワシでこすり洗いすると、簡単にきれいになります。洗って、ざるに上げて乾かしてから使うと、手や包丁に汚れがつかず、むいた芋もきれいですし、芋の味もしっかり残ります。

むくときは小ぶりな包丁をしっかりと持って、下から上へ皮を分厚くむき上げます。六面から八面にむくときれいです。そして上下をきちんと切り落とします。かたく絞ったさらしのふきんかペーパータオルで、表面をふけば下ごしらえの完了です。

赤い斑点が出ていたり、指で押してフカフカしていたら古い証拠。買うときにはよく気をつけましょう。

① 里いものごまみそあえ

秋口に旬の里いもが出回る頃を待って、必ず食卓に登場する料理です。甘辛の香り高いごまみそが、里いものねっとり感と絶妙に合うのです。

新鮮な中くらいの皮つきの里いもをタワシで洗って皮ごと蒸します。里いもに大小がある場合は、串がすっと通ったものから順次取り出していきます。

蒸している間に、「ごまみそだれ」を作ります。調味料の組み合わせは、練りごまとみそでも、あるいはすりごまとみそでもいいです。甘みをつけるのに私はメープルシロップ・エキストラライトを使いますが、もちろん砂糖でもOK。ですがメープルシロップはみそととても合うのでお試しください。

メープルシロップは、採取時期によって4〜5種類に分けられています。和食には最も樹液の採取時期の早い〝エキストラライト〟がいちばん合うと思います。もう少し甘みを足したいというときも、砂糖より溶けやすく、しかもおいしいメープルシロップは便利です。

みそは、ふつうのみそ汁用を使います。以上の調味料を好みの割合で味を見ながら加えて混ぜ、あとは酒を入れて少しのばせば「ごまみそだれ」のでき上がり。里いもがほどよい蒸し加減なら、あえているうちに表面が崩れてねっとりとしてきます。そのまわりに甘辛いたれがからんで、おいしいのです。練りごまを使った場合は、最後に香りのよいいり

●里いものごまみそあえ
【材料の目安・4人分】
里いも　12個
ごまみそだれ
　練り白ごま　大さじ3
　砂糖　大さじ2（またはメープルシロップ　大さじ2⅔）
　みそ、酒　各大さじ2
いり白ごま　大さじ1
★写真→p204

ごまをかけるとよいでしょう。

1）里いもは泥を洗い落として乾かし、皮つきのまま蒸し器に入れ、強火で15分ほど蒸す。

2）その間に、ごまみそだれの材料をよく混ぜ合わせ、たれを作っておく。

3）**1**の里いもが蒸し上がったら、皮を除く。大きければ二つに切り分け、**2**のたれに入れて、里いもの周囲がねっとりするまで混ぜて、器に盛る。

②　煮汁たっぷりの里いもの煮物

これは子どものころ母がよく作ってくれた煮物で、私には絶対はずせない母の味です。学校から帰ると、私はいつも台所に立つ母の横に並び、味見役をかって出ていたものです。この里いもも煮上がると同時に、母は私にも味見させてくれましたが、滋味深い味わい、口いっぱいに広がるだし汁の香りは、いまだに忘れられません。母が使うのはいつも小いもで、皮をこそげとっていました。大きい里いもの皮をむいて作るより、こちらのほうがずっとやわらかくておいしく思えます。

この煮物はだし汁が大切。吸い物などに用いる淡い色で上品な味わいのかつお節のだし汁ではなく、やや濃いめのかつお節のだし汁をとるために血合い入りのかつお節の上等なものを使います。こういった素朴な煮物のためのだし汁には、ぜひ血合い入りのかつお節のだしを使ってください。

●煮汁たっぷりの里いもの煮物
【材料の目安・作りやすい分量】
里いも　15個（約1kg）
煮汁
- だし汁（→p174）　5½カップ
- しょうゆ　小さじ1
- 塩　小さじ1⅔
- 酒　大さじ3

柚子の皮　1個分

たっぷりのだしにしょうゆと塩、酒で味つけをします。しょうゆをほんの少しにし、あとは塩と酒を加えて吸い物よりやや濃いめの味、と覚えればいいと思います。大さじ何杯といった数字で覚えてしまうと、だし汁の蒸発加減や里いもの煮え加減に臨機応変に対応できませんから。とにかく、だし汁は里いもにかぶるくらいたっぷり必要です。

料理店などでは、皮をむいたあとに塩もみをして水洗いするかゆでてぬめり取りをしますが、家庭で料理をするときには、アクを取りすぎないことも大切です。そこで一八二ページで書いたとおり、私は皮をむいたあと、水につけてかたく絞ったさらしのふきんやペーパータオルで、むいた里いもの表面をきれいにふき上げます。こうすると汚れもすっかり取れて、きれいになります。ぬめりも出てこないので手もかゆくなりません。ふき上げた里いもを味つけしただし汁にそのまま入れて、弱めの火で20分程度煮ます。

掘ってから時間がたっていない里いもをこうして食べたらやみつきになるでしょう。なるべく新しい里いもの皮をむいて、ふいて、すぐ煮る。今までそれでおいしく仕上がらなかったことはありません。

旬の時期でなくても里いもは店頭に並びますが、使えない部分のほうが多いことすらあります。どんどん皮の表面から傷んできて、食べられる部分が少なくなり、味も落ちてきます。やっぱり里いもは秋のものだな、とつくづく思います。

1）里いもは泥をタワシで洗い落とし、ざるに上げて乾かす。

2）新鮮な里いもなら、包丁の刃で皮をこそげ取り、ぬれぶきんなどでよく表面をふいておく。

3）鍋に煮汁の材料を煮立てて2の里いもを入れ、わずかに煮汁が煮立つ程度の弱めの中火で、里いもに串がすっと通るまで煮る。里いもにちょっとヒビが入ったような感じになれば、もう煮えている証拠。

4）煮汁ごと器に盛り、柚子の皮のせん切りまたはすりおろしをたっぷり散らす。

この煮物は里いもだけで煮て、煮汁をたっぷり張って汁ごといただきます。最後に季節の香りを添えることを忘れずに。柚子は里いもの甘みと香り、それにだしにぴったりです。シンプルですが、それだけに里いもの新鮮さとだしのおいしさには気を遣います。あるいはこれがいちばん難しいことなのかもしれません。おいしいだし汁のなかにしょうゆがちょっとだけ入り、あとは塩を入れてお酒を少々……。甘みはいっさい使いません。甘みを入れると全然違う料理になってしまいます。

もしこの煮物が残ったら、里いもにもみのりをまぶして2個程度を、お弁当のおかずにしてもかわいいし、おいしいです。

3 里いもと鶏肉のクリームシチュー

これは牛乳を使ったシチュー。もっとコクを出したければ生クリームを使います。私は牛乳で作り、最後に少し生クリームを入れてコクを出します。

鶏肉と里いもを使いますが、骨つきの鶏肉は味だしのために使いますので、私にとって

●里いもと鶏肉のクリームシチュー

【材料の目安・4人分】
里いも　8個分
鶏骨つきもも肉(ぶつ切り)　8切れ
塩・こしょう　各少々
玉ねぎ　小1個
牛乳　1カップ
生クリーム　1/3カップ
コーンスターチ　大さじ3~4
炒め油、水　各適量

は鶏肉のうまみを全部吸っている里いもがメインの料理です。

鶏肉と玉ねぎをコトコトと煮てスープが出たところに里いもを入れます。シチューと言えば洋風そうざいですが、このシチューならご飯でも大丈夫。とてもよく合います。里いもはゴロンと。大きいいもでも半分に切る程度にし、あまり小さくしないほうが私は好きです。ほかに、にんじんやブロッコリーを入れてもいいでしょう。全部の具材が煮えたら、最後に牛乳や生クリームなどのミルク類を入れますが、ミルクはあまりグツグツ煮すぎるとおいしくありません。いったん煮立ったら、コーンスターチでとろみをつけます。とろみはお好みですが、コーンスターチで、少しトロッとする程度がいいでしょう。

1) 里いもは泥を洗い落として乾かし、皮を包丁でこそげ、ぬれぶきんできれいにふく。

2) 鶏骨つきもも肉に塩・こしょうをし、玉ねぎは粗みじんに切る。

3) 厚手の鍋に油を熱し、**2**の鶏肉を入れて両面を炒める。

4) 鶏肉の色が変わったら**2**の玉ねぎを加え、しんなりするまで炒め、水をひたひたになるまで加えて弱めの中火で煮始める。

5) アクが出てきたら取り除き、**1**の里いもを加えてやわらかくなるまでコトコトと煮る。

6) 最後に牛乳と好みで生クリームを加える。3~4分煮て、塩・こしょうで味を調え、同量の水で溶いたコーンスターチを加えてとろみをつける。

もしも残っても、翌日に火を入れ直せばまたおいしくいただけます。コーンスターチは最後に用いると好みのとろみをつけやすく、濃くなりすぎないので使いやすいです。

［もう一言］東南アジアのタロいも料理を里いもで作る

東南アジアにはタロいもを使った料理がたくさんあります。タロいもは日本の里いもともともと同種で、よく似た味ですが、もう少しかたくて粉質。現地でおいしかった料理を東京で作るとき、タロいもは手に入らないので、私は里いもを使っています。

例えば、えびとタロいもを揚げる料理。里いもの細いせん切りと、えびを粗く叩いたものを混ぜ、塩をふって混ぜます。いもの澱粉が出て全体がよくからまってくるので、つなぎは何も入れず、油で揚げます。しそで包んでいただいてもＯＫ。

さらにそれをわが家流にアレンジして、里いもの細いせん切りと豚ひき肉、えびまたはかにの身、にんにくや香菜《シャンツァイ》のみじん切りをよく混ぜたものを、揚げだんごにする料理も好きでよく作ります。同じ具を生春巻きの皮で巻いても、おいしい一皿になります。

タロいもは日本の里いものように繊細ではありません。ですから、かつお節のだし汁で煮ても、残念なことに日本の里いものようには仕上がらないのです。タロいもはやはりエスニックな料理向きなのですね。日本の料理にはやはり日本の里いもがおいしいです。

山いも

山でとれる山いもは〝やまのいも〟ともよばれ、おもに次のような種類があります。長い棒状をした「長いも」、平たくて扇状の「いちょういも」（関東では大和《やまと》いもともいう）、コロッとしてげんこつ形の「つくねいも」（関西では大和いもという）、くねくねして細長い野生種の「自然薯《じねんじょ》」などです。

こうした山いもの仲間は、粘りが強いか弱いかに分けて考えると、各々どんな料理に向くか自然に浮かんできます。生でシャキシャキ感を味わうには長いも、とろろやしんじょには粘りの強い大和いもやつくねいもを使います。

私は、長いもを1センチくらいの輪切りにして、パルミジャーノチーズを入れた卵に加えてフリッタータ（イタリアのオムレツ）を作ります。卵に火が通る間に長いもにもほどよく火が入り、ほっくりした長いもが味わえます。大和いもやつくねいもなら、何と言ってもとろろが美味。これをのりで巻いて揚げるとお酒にぴったり。生から加熱したものまで、さまざまな食感が味わえるのもやまのいもならではです。

① 長いもとわかめのおかかあえ

長いもと早春の新わかめのあえ物です。新わかめが入手できなければ干しわかめでもOK。同じ時期が旬の新玉ねぎを加えてもフレッシュなシャキシャキ感が倍増します。

材料の準備ができたらかつお節をたっぷりかけ、酢としょうゆで仕上げます。

1) 新わかめは熱湯にさっとくぐらせて、手早く水に取り、水けをきってざく切りにする。
2) 長いもは皮をむいて酢水（分量外）につけ、せん切りまたは半月切りにする。新玉ねぎもあれば二つに切って、水に10分つけてから、薄切りにする。
3) 以上を合わせて器に盛り、かつお節と酢、しょうゆをかけて混ぜる。

余談ですが、長いもは皮ごとぬか漬けにしてもおいしいです。細い長いもを使ってください。ひげなどを除いて皮をきれいにし、皮ごと漬けて一晩。これでサクサクした、おいしいぬか漬けができ上がります。

●長いもとわかめのおかかあえ
【材料の目安・4人分】
長いも 250〜300g
生わかめ 80g
新玉ねぎ(あれば) 1/2〜1個
かつお削り節 10g
酢、しょうゆ 各適量

② 大和いものえびしんじょ揚げ

この料理は関東で大和いもともよばれている「いちょういも」や、関西で大和いもとよばれている「つくねいも」をはじめ、「自然薯」など、粘り気の強いタイプの山いもでないとおいしくできない料理です。長いもでは水分が出るのでカラッと揚がりません。

一八八ページでご紹介した里いものせん切りと叩いたえびを揚げる料理と同様、大和いもはえびの叩き身とか鶏のひき肉などと相性がいいのです。

ここでは大和いもを粗く叩いて歯ざわりを残すくらいにして揚げる方法をご紹介しましょう。こうすると口に入れたあとに残るいもの香りやその味わいがよいうえに、いもを保存袋（ジップロックなど）に入れて割るので、手がかゆくなりません。

●大和いものえびしんじょ揚げ
【材料の目安・2人分】
大和いも 100〜150g
えび 中サイズ4〜5本
塩 ひとつまみ
しその葉 大10〜15枚
揚げ油 適量
大根おろし 適量
しょうゆ 適量

叩いた大和いもとえびを混ぜ、わずかに味をつけてそのまま揚げてもＯＫですが、ここでは大きめのしその葉で包んで、低温の油で揚げ、大根おろしとしょうゆでいただきます。上品で軽い口当たりに仕上がります。

1）大和いもは皮をむいて酢水（分量外）にしばらくつけ、水けをふいて保存袋に入れ、すりこ木などで粗めに叩く。えびは殻と背わたを取り除き、ぶつ切りにする。

2）ボウルに**1**の大和いもとえびを入れ、塩をパラリとふって混ぜる。

3）大きめのしその葉に**2**のしんじょをのせてくるりと包み、形を整える。

4）揚げ油を低温（150〜160度）に熱し、**3**を入れ、時々返しながらカラッと揚げる。

5）器に**4**のしんじょ揚げを盛り、大根おろしとしょうゆを添える。あるいは、塩でいただいても、天つゆでいただいても。

【もう一言】さつまいもの揚げ物や煮物もおすすめです！

さつまいもとえびのかき揚げは、うちの定番料理の一つ。いもの甘みとえびのうまみがお互いを引き立てるおかずです。かき揚げも魚介が入るといっそうおいしくなりますし、どんなお客さまも大好きです。さつまいもだけではおそうざいにしかなりませんが、相性のよい魚介と合わせると、一気に広い年齢層の方に支持される料理に。

その際、えびと同じ小さいサイズに切ったさつまいもを合わせるようにします。さつまいもを角切りにしてえびと合わせて揚げると、コロンと丸く揚がってかわいいですし、高さが出て形も色もきれいです。これにパラッと塩をふりかけていただきます（写真↓p205）。

もちろん、天つゆに大根おろしを入れていただいてもOKです。一七〇度前後の中温に熱した揚げ油で揚げます。衣が小麦粉と冷水の場合はカリッと揚がり、卵を溶いて入れた衣の場合はふんわりやわらかく揚がりますが、このかき揚げはどちらでもお好きなほうで。

紫色の細い新さつまいもを、水と酒を半々程度にし、砂糖と塩で味つけしたたっぷりの煮汁のなかでコトコトと静かに煮て仕上げる「さつまいもの薄甘煮」は初夏のさつまいも料理の代表です。皮が美しい色に仕上がり、日本酒の効いたうっすらとした甘味と少しさっくりした食感がさわやかです。少しだけ甘いおそうざいがほしいというときにぴったり。

ちょうど新さつまいもの時期は枝豆が出回る頃。たっぷりの汁の中で枝豆もいっしょに静かに煮て盛りつけの最後にちょっと枝豆を散らすと、見た目にも美しい煮物になります。こんなふうに料理をする時間にも自分なりの楽しみを見つけられるとますます料理好きになります。この一皿は、初夏を心待ちにして、さつまいもが出たら必ず作る料理です。

豚肉にはちょっと甘いものがよく合います。さつまいもをはじめ、栗やフルーツとか。豚肉とともにローストして、「豚ロースト肉のさつまいも、栗、プラム添え」にすると、いつもと目先の異なる特別感のある料理になります。

バターと砂糖（私の場合はメープルシロップが多いですが）で煮て、ロースト肉に別添えしても美味しさとボリュームがあって、お客様に満足していただける料理になります。

さつまいもを皮ごと切って下ゆでし、下ゆでした栗、プラムと合わせ、「にんじんのグラッセ」（↓p235）と同じくバターと砂糖、またはバターとメープルシロップにレモン汁を効かせて味つけし、肉に添えます。ここに紅玉りんごを加えても酸味と甘味とバターの香りの組み合わせがすばらしいです。

③ 大和いものとろろかけご飯

ご飯にかけるのに長いもは向きません。大和いも（いちょういもやつくねいも）や自然薯を使います。すり鉢で気長にていねいにするのが、いちばんおいしいすり方だと思いますが、少し時間を短縮したいという場合には、細かいおろし金でおろしてすり鉢に入れ、すりこ木でしばらくすると滑らかに仕上がります。時間がなくてもやっぱりとろろを自分で作って食べたいというときは、少し滑らかさに欠けますが、フードプロセッサーを使って仕上げてもいいと思います。

大和いもの皮をむいてすり鉢やおろし金でするときは、ツルツルして手がすべりやすいので、手で持つ部分を乾いたさらしのふきんで巻くとうまくいきます。

おろしたとろろを、濃いめに味をつけただし汁でのばしていくときも、少しずつ入れてそのつどすりこ木ですりながらのばしていくと口当たりが滑らかに。ただし、とろろ汁をよりおいしく仕上げるには、だし汁の味がとても大切。まず、濃いめのおいしいかつお節のだしをとってから、いもをすります。

とろろ汁は白米に麦を炊き込んだ麦ご飯や玄米ご飯のように、ちょっと噛みごたえのあるしっかりしたご飯にかけると、よりおいしく感じます。のりは、かけてもかけなくても、

●大和いものとろろかけご飯
【材料の目安・2人分】
大和いも　400〜500g
かつお節のだし汁（↓p174）　2〜3カップ
塩　小さじ⅔〜1
しょうゆ　小さじ2
炊きたての麦ご飯または玄米ご飯　適量

お好みで。私は何もかけずに、ただたっぷりのとろろでいただきます。

1）鍋に分量の水を入れて火にかけ、煮立つ直前に上質の血合入りのかつお削り節を入れて火を止め、菜箸で全体を沈める。そのまま7〜8分おいて味をみて、水の味がだし汁になっているかどうかを確認し、まだの場合はもう2〜3分おく。

2）ボウルにざるをのせ、湿らせてかたく絞ったさらしのふきんを広げて漉し、自然にだし汁が落ちたら（箸で押さえたりしないこと）、塩としょうゆで濃いめに調味する。

3）大和いもは皮をむき、酢水（分量外）に10分ほどつけてから水けをよくふき、乾いたさらしのふきんで巻いて、細かいおろし金で力を入れずにすりおろしすり鉢に入れる。

4）すりこ木で4〜5分すり、**2**のだし汁を玉じゃくし1杯ずつ加えてすりのばす。好みの粘り具合になったら、だし汁を加えるのを止める。

5）麦ご飯または玄米ご飯を器に盛り、**4**のとろろ汁をかけていただく。

使いきれなかった山いもを放っておくと、芽が出てくることがあります。もしもそうなったら、土に埋めてください。初夏にはかわいいグリーンの葉がたくさん出てきて、料理のあしらいに利用すると素敵です。秋になれば「むかご」ができます。これは山いもの葉のつけ根にできる小さなおいも。かわいらしく香りとコクがあるので、炊き込みご飯や汁の実、塩ゆでや素揚げにして酒肴にするなど、思いがけない楽しみやおいしさが味わえます。山のいもに限らず、芽が出た野菜は何でも土に植えてみます。さつまいも、里いも、玉ねぎなど、二度目のお楽しみもあったりするので捨てられません。

h

たっぷり食べたいグリーン野菜

グリーン野菜の代表選手、ブロッコリー、小松菜、ほうれんそうといった野菜は、一年中店頭にありますが、どれも真冬にこそおいしくなる野菜です。手早く、たくさんいただける料理にしてたっぷり食べてください。

塩もみ、オイル蒸し、煮びたし、パスタ……、和風からイタリアンまで、おいしくて手間いらずの料理を紹介していますから、気軽になん回も作って、寒い日々の食卓で楽しんでいただけると嬉しいです。

グリーン野菜の多くは、葉と茎では火の通り方が違うのですが、ちょっとした気遣いで全体に均一に火を通すことができます。こういう小さなことも回を重ねるうちに合点がいくのが料理の面白さでもあるのです。

ブロッコリー

ブロッコリーは大人も子どもも大好きな緑の野菜。アクも出ないし、くせも少ないのでいろいろな料理に使えます。最近は茎の部分の長い「スティックセニョール」、花蕾が鮮やかな紫色をした「紫ブロッコリー」も登場しています。この紫色はゆでると濃い緑色になります。

ブロッコリーは緑色が濃く、こんもりと盛り上がってつぼみがかたく締まって密集しているもの、茎の切り口がみずみずしいものを選びます。黄色がかってつぼみが開いているものは、口当たりも味も落ちています。

房をはずすときは、太い茎から枝分れしている小房を包丁でカットしてもいいですし、細い茎ならポキポキと折るようにしてはずします。上に向かってつぼみが密集している部分は、包丁の刃先で同程度の小房に切り分けます。

次に茎の皮をむきます。これがとても大事な作業。根元に包丁を当て、つぼみの方向に引っ張るようにしてむくのがコツです。これでつぼみと茎の部分に均一に火が通るうえに、加熱時間も短縮できるのです。残った太い茎の部分もじつは甘みがあっておいしく、私はむしろ茎のほうが好きなほどです。ぜひ太い茎も捨てずに食べてみてください。皮をむいた茎は蒸したり、ゆでたりして使います。

ブロッコリーはゆでて使うことが多いのですが、蒸すと甘みが際立ってとてもおいしいのです。先が房になっているので、ゆでるとそこに水が入り、水っぽくなるので、むしろ蒸すほうがおすすめです。

①ブロッコリーのグリーンソース

蒸したりゆでたりしたブロッコリーに、グリーンソースをからめていただく料理です。

ブロッコリーは少し大きめの房に分け、太い茎の部分も大きさに応じて、二〜四つ割りにして加えます。これを好みのかたさに蒸して、オリーブオイル、塩・こしょうとにんにく、好みのグリーンハーブのみじん切りを混ぜたグリーンソースをからめます。

グリーンハーブはディルとかパセリなどお好みのもので。ブロッコリーが最もおいしい冬の時期にたっぷりと召し上がってください。

1）ブロッコリーは洗ってから、小房に分ける。

2）皮目に包丁を当てて、茎の皮をむく。太い茎の部分は皮をむいたあと、太さに応じて二〜四つ割りにする。

3）蒸し器の湯気のあがったところに**2**のブロッコリーを入れ、好みのかたさ（少しかためがおすすめ）に蒸す。あるいはゆでる。

4）蒸している間にグリーンソースを作る。ディル、イタリアンパセリを細かく刻み、グリーンソースの材料全部をフードプロセッサーにかけてボウルに入れる。蒸し上がったブロッコリーが熱いうちにからめる。

ブロッコリーには自家製のマヨネーズにハーブを加えたグリーンマヨネーズを合わせるのもおすすめです。マヨネーズはぜひ自家製で。自分で作るのは大変と思われがちですが、

◉ブロッコリーのグリーンソース

【材料の目安・2人分】

ブロッコリー　1株

グリーンソース

EXバージンオリーブオイル　大さじ3〜4

塩・こしょう　各少々

おろしにんにく　小さじ1（お好みで。入れなくてもOK）

ディル、イタリアンパセリ　それぞれみじん切り3〜4本分

★お好みでルッコラ、フェンネルの葉などを入れてもよい。

★写真↓p206上

ミキサーやハンドミキサーを使えば簡単。グリーンのハーブは、ディルやパセリ、ルッコラなどお好みで。ただしバジルはおいしいのですが、時間がたつと黒く変色してしまうのでおすすめできません。グリーンマヨネーズの作り方は次のとおりです。

1）ディルまたは好みのハーブを刻んでミキサーに入れる。

2）**1**のミキサーに全卵とレモン汁または白ワインビネガー、塩・こしょう、好みでにんにく少々を入れて撹拌する。オイルを少しずつ加え、さらに撹拌する。これをくり返し、ちょうどよいかたさになったらでき上がり。

ハンドミキサーを使う場合は、保存びんに材料をすべて入れ、ハンドミキサーの先端をさし入れ、全体がとろりとなるまで撹拌します。マヨネーズはオイルの量が多ければ多いほど、かたく仕上がります。

●自家製グリーンマヨネーズ
【材料の目安・作りやすい分量】
卵　1個
レモン汁または白ワインビネガー　大さじ1
にんにく（好みで）　1片
塩・こしょう　各少々
EXバージンオリーブオイル　⅓カップ
ディル、イタリアンパセリなど　各2〜3本

② ブロッコリーのアンチョビ蒸し

この料理もとても手軽にできる一品だと思います。ブロッコリーにEXバージンオリーブオイルとアンチョビをからめて蒸し煮にするだけのオイル蒸しの仲間です。厚手の鍋一つでできますし、アンチョビが入るので塩も不要。白ワインがよく合う一皿です。

1）ブロッコリーは「ブロッコリーのグリーンソース」（↓p197）同様に下処理をする。

2）赤唐辛子は水またはぬるま湯で戻し、種を除いて小口切りにする。アンチョビは刻ん

●ブロッコリーのアンチョビ蒸し
【材料の目安・2〜3人分】
ブロッコリー　大1株
アンチョビ（フィレ）　1缶
EXバージンオリーブオイル　大さじ2〜3

赤唐辛子（乾燥品）　1本
にんにく（好みで）　1片
水（必要に応じて）　大さじ1〜2
★写真→p206下

でおく。にんにくは包丁の背でつぶし、薄く切る。

3）厚手の鍋にEXバージンオリーブオイルと**2**の赤唐辛子、アンチョビ、にんにくを入れて弱めの中火にかけ、**1**のブロッコリーを加えてざっと混ぜる。薄手の鍋などで、焦げつきが心配な場合は水大さじ1〜2を加え、ふたをして蒸し煮にし、歯ごたえが残る程度で火を止める。

ブロッコリーには余熱で火が入るので、やわらかくしすぎないのがおいしさのコツです。

③ ブロッコリーのペンネ

イタリアのプーリア地方を代表するパスタです。本来はペンネではなく、耳たぶのような形をした「オレキエッテ」というショートパスタで作ります。オレキエッテは「小さな耳」という意味で、バーリ周辺のマンマが手打ちで作ることで知られるパスタ。オレキエッテは入手しにくいので、今回はおなじみのペンネを使いますが、硬質小麦粉が手に入ったら水と合わせてこねれば、手打ちのオレキエッテは簡単に作れます。

ブロッコリーとパスタを同じ鍋でゆでますから、ゆで時間の長いパスタに向く料理です。早くゆであがるパスタなら、先にブロッコリーをゆで始め、あとからパスタを同じ鍋に投入します。ブロッコリーはよいゆで加減になったら先に引き上げておけばよいのですが、パスタのゆで上がりにそろえるには、大ぶりに切った方がよいです。パスタのゆで時間を

●ブロッコリーのペンネ

【材料の目安・2人分】
ブロッコリー　小1株
ペンネ　150g
塩　適量
アンチョビ(フィレ)　3〜4枚
EXバージンオリーブオイル　大さじ2〜3
赤唐辛子　1本
にんにく　2片

★パスタをゆでるときは、ペンネ100gに対し水1ℓに塩大さじ2/3〜1を加える。アンチョビが入るので塩・こしょうは必要ない。足りなければ食べるときに手塩で。

確認して、作り始めましょう。できれば、ゆで時間の長いパスタ、つまりスパゲッティよりショートパスタが作りやすいのです。

1）赤唐辛子は種を除いてみじん切りにし、にんにくもみじん切りにする。ブロッコリーは小房に分け、一九七ページのように下処理をする。

2）ソースを作るためのフライパンまたは平鍋にEXバージンオリーブオイルを入れ、**1**の赤唐辛子とにんにくを加えて、弱火でにんにくの香りが立つまでじっくり炒め、アンチョビを入れる。

3）深鍋に水を入れて沸かし、沸騰したら塩を加える。再び煮立ったら、ペンネと**1**のブロッコリーをいっしょに入れてゆでる。

4）ブロッコリーが早くゆで上がるので、やわらかくなったのを確認して網じゃくしなどですくい、**2**の鍋に入れ、木ベラなどで粗くつぶしてソース状にする。

5）ブロッコリーをつぶしている間にペンネもゆで上がるので、**4**の鍋に加えて、ゆで汁も少し加えて、火にかけながら混ぜ合わせる。

余談ですが、ブロッコリーとカリフラワーは似ているようでまったく別物です。ブロッコリーは生ではおいしくありませんが、カリフラワーは塩をつけて生で食べるとおいしいものです。

イタリアの伝統野菜の「ロマネスコ」も、ヨーロッパでは大変ポピュラーなカリフラワーです。イタリアではこれを、オイルと塩をかけて生でも食べますが、ブロッコリーは必ず火を通します。

にら=刻みにらと油揚げのみそ汁
↓176ページ

にらと油揚げの口当たりを揃えて＝
にらは束ねてごく細かく切り、油揚げも二枚にはがして細かいあられ切りにすると、ひと味違うみそ汁に仕上がります。

里いも＝里いものごまみそあえ

↓183ページ

里いもと相性抜群のごまみそだれ＝里いものねっとり感に甘辛のごまみそが絶妙にマッチ。ごまみその材料はすり鉢ですりながら混ぜると、より香り高く仕上がります。

さつまいもとえびのかき揚げ ↓191ページ

さつまいもとえびのサイズを合わせて揚げる＝サイズを合わせて揚げるとコロンとかわいく仕上がり、来客にも食べやすく好評。揚げる際は油跳ね防止ネットを使うと重宝します。

ブロッコリー=ブロッコリーのグリーンソース ↓197ページ

ブロッコリーのアンチョビ蒸し ↓198ページ

小松菜＝小松菜といろいろ野菜のおろしあえ
↓219ページ

小松菜だけでも、いろいろ野菜でごちそう風にしても＝ゆでた小松菜を小鉢に盛り、一人盛りにしてもよし、冬野菜をゆでて大皿に盛り合わせてもＯＫ。大根おろしにしょうゆ、柚子の香りでいただくとおいしい。

ほうれんそう＝豚肉とほうれんそうのさっと煮

↓223ページ

すぐにできる常夜鍋風の煮物＝すぐに煮上がるので重宝する煮物。おいしい理由は、片栗粉でうまみを閉じこめた豚肉、大きめに切ってたっぷり入れたほうれんそう、きちんととっただし汁のハーモニーのよさ。

野菜は火の通りにくいものから＝まずキャベツのざく切りをオイル蒸し煮に。次はでき上がり直前にほうれんそうの茎、次に葉の部分を加え、塩とオリーブオイルをふります。

ほうれんそうとキャベツのオイル蒸し ↓224ページ

ごぼう＝細切りごぼうのきんぴら ↓237ページ

ごぼうはささがきにせず細切りに＝
きんぴらと言えばささがきごぼうを使いますが、私は単に細切りにして使用。そのほうがラクに切れておいしく仕上がるから。鍋を熱してごま油を入れ、ごぼうを全体に広げるようにして手早く炒めるのがコツ。

ごぼう=ごぼうのつくね揚げ（いわしすり身）
↓240ページ

ごぼうのつくね揚げ（鶏ひき肉）

↓239ページ

にんじん＝ミニにんじんで作る「にんじんのグラッセ」

↓235ページ

れんこん=叩きれんこんのドライカレー ↓248ページ

皮つきのれんこんを叩いて=皮からよいうまみが出ますし、割ると表面積が広くなりカレーの味がよくしみるので、皮つきのれんこんをすりこ木などで叩き、さらに手で割ります。

春の訪れを告げるオレンジを使ったサラダ

↓249ページ

小松菜

東京の小松川付近で作られていたので小松菜というくらいですから、東京の人にとってはとても身近な野菜です。ほうれんそうや白菜と同様、旬は冬。寒さに強くて、霜に当たるとぐんと甘みを増し、葉は厚くやわらかくなります。歯ざわりのよさやおいしさから、わが家の食卓では緑の野菜がほしいとき、ほうれんそう以上に小松菜が登場します。おひたし、汁の実、炒め物、あえ物、漬け物……と何にでも使います。私にとってこれほどおいしさと使いやすさがそろった青菜はありません。

ゆでたり炒めたりする場合は、根元と葉の部分に分けて調理すると、火の通り方が均一になります。もちろん、ほかの葉物の野菜同様、調理する前に冷水につけて水分を含ませると、青菜の甘みと香りが引き立ちます。

① 小松菜の塩もみ

小松菜の塩もみは意外な調理法とよく言われます。

同じアブラナ科の野沢菜や菜の花は塩漬けにして漬け物にしますよね。それを食べながら、ふと同類の小松菜も塩もみや塩漬けにしたらおいしいのでは……と思ったのです。この小松菜の塩もみは、シャキシャキ感も抜群で、青い香りが食欲を刺激します。そしてじつにさまざまな使い方ができるのです。

●小松菜の塩もみ
【材料の目安・作りやすい分量】
小松菜　1わ(300g)
塩　小松菜の重さの1.5〜2%(4.5〜6g)

一束の小松菜も塩もみして絞れば、ほんの一握りになってしまいます。たくさん食べるのにはもってこいの食べ方です。大根おろしのなかに小松菜の塩もみをたっぷり入れたグリーンおろし、炊きたてのご飯に混ぜた小松菜の混ぜご飯、小松菜の大根おろしにはじゃこを混ぜてじゃこおろしにしたり、もちろん焼き魚にのせても、と小松菜を思う存分楽しんでいます。

混ぜご飯も、おにぎりにすれば彩りのよいお弁当になります。さらに、かまぼこを小角切りにして揚げたもの、揚げナッツや揚げたじゃこを混ぜても美味。のり巻きの芯にすると、緑の色が美しく、塩けもちょうどよくて、みんながパクパク食べる細巻きになります。

ほかに、炒め物や焼きそばの具、うどんやみそ汁の青みとして使ったり（塩もみなので汁の塩分は加減して）、にんにくと赤唐辛子とこの小松菜でさっとパスタにしても……。和洋中とこだわりなく広く使えるのもうれしいところ。多めに作りおきしておけば、ふだんのご飯作りが楽になりますし、新しい使い道を考えながら使うのも楽しいものです。

塩もみの作り方をご紹介します。塩をしてその日すぐ食べる場合には、小松菜の重さの1.5パーセントの塩をします。2〜3日もたせたい場合には、2パーセントの塩で。

塩もみのポイントは細かく切ること。細かく刻んだほうがきれいで、食べやすくなります。茎の部分はそのまま細かく切り、葉は縦に2〜3本の切り込みを入れてから重ねて細く切ります。そのためには、よく切れる包丁も必要ですね。

また、重しをするほど水分が出るので、水けをよく絞ることも大切です。

1）小松菜は根元に一文字か十文字に切り込みを入れて、冷水に10分ほどつけて、泥を落としやすくする。よく洗ったあと、茎は細かく刻む。葉には縦に二つか三つに切り込みを入れ、重ねて端から細かく切る。両方を合わせて重量を計っておく。

2）ボウルに**1**の小松菜を入れ、重量の1.5〜2パーセントの塩をして全体をよく混ぜる。

3）保存袋に入れ、バットに入る大きさに平らに整え、空気を抜いてジッパーを閉める。

4）重しに同サイズのバットをのせ、上に落ちつきのよい重いものを置いて冷蔵する。

5）使うときは、水けを両手でよく絞ってから。

野沢菜のようにもう少し漬け物風の味わいを楽しみたければ、塩の量を小松菜の重量の2〜3パーセントにふやし、重しを多めにして1週間くらいおきます。重しを外さなければ、冷蔵庫で2週間はもちます。

② 小松菜といろいろ野菜のおろしあえ

★写真↓p207

ゆでた小松菜は大根おろしでいただくとおいしいです。大根おろしとしょうゆに、レモンでも、または柚子やかぼすでも柑橘果汁をジュッと絞っていただくと、さわやかな風味で青菜がいくらでも食べられます。ここに桜えびやちりめんじゃこを入れてもおいしく、彩りもよくなります。

このおろしあえで、冬のごちそう野菜料理を作ってみましょう。めいめいに作ってもいいのですが、時には大皿や大鉢に、蒸した里いも、ほうれんそうや菊の花、にんじん、水

◎小松菜といろいろ野菜のおろしあえ

【材料の目安・4人分】
小松菜　1わ
ほうれんそう　1わ
里いも　3〜4個
にんじん　1本
せり　1わ
菊の花(食用)　1パック
大根おろし　3〜4カップ
しょうゆ　適量
柚子またはかぼす　1個
七味唐辛子　適量

1）里いもは洗って皮つきのまま串が通るまで蒸して皮をむき、縦四等分に切る。
2）にんじんは1㎝厚さに切り、串が通るまでゆでるか蒸す。
3）小松菜とほうれんそうは、根元に切り込みを入れ、根元と葉先をよく洗い、ともに調理する前に10分ほど冷水につけて、葉先までピンとさせる。
4）小松菜とほうれんそうはゆで時間が違うので別々にゆでる。たっぷりの湯に塩ひとつまみを入れ、少量（3〜4本）ずつ茎から入れ、次に葉の部分を沈めて、色が変ったらさっと引き上げる。小松菜はバットやざるに広げて冷まし、アクのあるほうれんそうはすぐに冷水にとって絞る。それぞれ4〜5㎝の食べやすい長さに切る。
5）菊の花とせりは、それぞれ熱湯でさっとゆでる。
6）大根はおろしてざるに入れ、自然に水けをきって器に盛る。手で絞らないこと。
7）大皿または大鉢に**1**の里いも、**2**のにんじん、**4**の青菜、**5**の菊の花とせりを盛り合わせ、**6**の大根おろしとしょうゆ、柚子またはかぼす、七味唐辛子を添える。
大皿への盛り方は、それぞれの野菜の彩りを考えながら別々に盛り合わせても楽しいですし（写真→p207）、全部の野菜を最初から混ぜて盛ってもいいと思います。

菜、きのこ、れんこん、ごぼうなど、秋から冬への野菜を下ごしらえして盛り合わせます。たっぷりの大根おろしとしょうゆ、半分に切った柑橘類と七味唐辛子なども添えます。ちりめんじゃこをたっぷり、別の器に用意しておくのもいいですね。自分で好きに取り分けていただくのが楽しい、野菜の大ごちそうです。

③ 小松菜の煮びたし

ゆでた青菜をおいしいだし汁に浸していただく煮びたし。青菜は小松菜でもほうれんそうでもいいのですが、最後に柚子の皮を加えるとひときわ香り高い一皿に仕上がります。

小松菜やほうれんそうは、その洗い方やゆで方がとても大切ですから、前ページ（作り方**3**と**4**）で詳しく述べましたが、ここでも少し補足しておきます。

小松菜やほうれんそうの根元の泥は、根の部分に切り込みを入れて取ります。根が小さければ一文字に、太ければ十文字の切り込みを入れ、15～30分ほど水につけておくと、切り込みが開き、泥が落ちやすくなります。

根のほうが洗いにくいときは、長いままでゆでるのではなく、葉と分けてゆでる方法もあります。切り込みを入れた根のほうを5～6㎝の長さで切り、冷水につけ、しばらくおいてから洗うと楽にきれいになります。やわらかい葉の部分は、別に水につけてからすすぎます。

このやり方ならゆでるのも簡単です。鍋に湯を沸かし、沸騰したら先に根元の部分を入れ、後から葉の部分を入れます。少し時間差をつけることで均等にゆで上がります。きちんと揃えて切りたいときには、この方法はおすすめしませんが、ふだんの夕食時など、まとめて絞るようなときはぜひ試してみてください。

煮びたしの味つけは、濃いめにとったかつおだし汁に、しょうゆと酒、それに少量の塩

●小松菜の煮びたし
【材料の目安・2人分】
小松菜　1わ
かつお節かまたは煮干しのだし汁（→p174）　2カップ
塩　小さじ1
しょうゆ　小さじ1/3～2/3
酒　大さじ1

で。全体的には、吸い物よりはちょっと濃いめの味と覚えておきます。

温めただし汁に、シャッキリ感を残す程度にゆでた小松菜を入れて、そのまま冷まします。くれぐれも煮立たせないように。ほのかに温かいくらいが私は好きですが、暑い時期は冷めたいものもおいしいと思います。

1）小松菜は冷水につけて洗い、ゆでてざるに上げ、よく水けを絞ってざく切りにする。

2）鍋にだし汁を煮立て、塩としょうゆ、酒を加えて沸騰したら火を止め、**1**を加える。

3）室温程度まで冷まして味を含ませ、器に盛って柚子の皮やおろししょうがを飾る。

このように小松菜の煮びたしは手軽にできて青菜が思いのほかたくさんとれますが、油揚げを加えて作ってもボリューム感が出て、おいしいです。

油揚げを使う場合は、必ず油抜きをします。油抜きは、熱湯を沸かしてそのなかをくぐらせます。お湯をかけるだけよりも、しっかり油が抜けます。そして二枚にはがしてごくごく細切りにします。そうすると、断然口当たりがよくなります。その一方、1㎝くらいの幅に切った油揚げと煮るのも素朴でおいしいものです。油揚げの切り方一つで見た目も味わいも違うのが面白いところです。

わが家でよく作る和食を中心に小松菜を紹介しましたが、イタリア料理のミネストローネにも使います。イタリアで作るときは、キャベツや赤い茎のビエトラ（スイスチャード↓p229）を使いますが、日本では入手しにくいので小松菜で作るようになりました。小松菜はトマトと相性がいいので、こうしたトマトの煮込み料理にも合います。

ほうれんそう

ほうれんそうも最近は種類がふえました。アクが少なくやわらかいので生でも食べられる「サラダほうれんそう」や「赤茎ほうれんそう」なども手に入ります。寒さに当てて糖度や甘みを上げた葉肉の厚い「ちぢみほうれんそう」もよく知られています。

ほうれんそうは年中市場に出ていますが、晩秋から冬にかけての露地ものは、寒さから身を守るために甘みを増し、葉も肉厚でとくにおいしいのです。この時期のものは栄養価も一段とアップするようです。

ただし、葉物野菜でもとくにほうれんそうは鮮度が命。収穫後は葉先から水分が蒸発し、どんどん鮮度が落ちていきます。買った当日に使いきりたいものです。残ったらゆでて保存するほうが多少長くもつうえ、水けをよく絞って食べやすく切り分けておけば、汁の実にしたり、煮物やめん類の彩りなどに重宝すると思います。心持ちかためにゆでて絞ったものは、小分けにして冷凍しておくこともできます。

洗い方やゆで方は小松菜と同様に。ゆで時間は小松菜より短いので、ゆですぎは禁物です。

① 豚肉とほうれんそうのさっと煮

この料理は下準備後は5分で仕上がるのに、満足感があって、ほうれんそうもたくさん食べられ、体も温まるので、冬のわが家の食卓にはよく登場します。

◉豚肉とほうれんそうのさっと煮

【材料の目安・2人分】
しゃぶしゃぶ用豚ロース肉　200g
ほうれんそう　小1わ（200g）
だし汁
　かつお節のだし汁（→p174）1.5カップ
　しょうゆ　大さじ1
　酒　大さじ1
片栗粉　適量
★豚肉のみならず鶏ささみを用いてもおいしい。
★写真→p208

だし汁に吸い物より少し濃いめの味をつけて煮立て、うっすらと片栗粉をまぶした豚肉を入れてさっと煮て取り出します。片栗粉のおかげで、豚肉に適度なとろみもつきます。そのあと、ほうれんそうの葉先をさっとくぐらせるようにして取り出し、豚肉といっしょにいただきます。粉山椒をふるとさらに美味。

きちんととっただしさえあればあっという間にできる心強い料理です。ベースのだし汁は休日などにまとめて作り、小分けにして冷凍しておくとよいでしょう。

豚肉とほうれんそうでつくる常夜鍋（毎晩食べても飽きない鍋物ということでついた名前）を、「煮物で」という感じの料理です。

1）ほうれんそうは冷水につけて葉の部分だけちぎり、しゃぶしゃぶ用豚ロース肉に片栗粉を薄くまぶす。

2）鍋にだし汁を入れて加熱し、しょうゆと酒を加えて煮立てる。

3）煮立ったら中火にして、1の豚肉、ほうれんそうの順に加え、さっと煮て器に盛る。

外出した日の夕方など、まあ鍋にするまでもないけれどちょっと食べたいというときなどにうってつけ。私も疲れた日には、この一皿にご飯と納豆があれば満足です。

②　ほうれんそうとキャベツのオイル蒸し

オリーブオイルをからめて蒸し煮にする「オイル蒸し」は、たっぷりの野菜をおいしくいただける、とてもよい調理法だと思います。材料の都合や好みに合わせて、オイルににんにくの香りを移してから蒸し煮にしても、オイルとベーコンを加えて蒸し煮にしてもOKですし、もちろんシンプルにオイルだけで蒸し煮にしてもよい、自由な料理です。

野菜の蒸し加減も、さっと蒸しても、クタクタになるまで蒸してもお好みで。材料を焦げつかせないために厚手の鍋を使います。鍋が薄い場合には前もってちょっと水を加えたり、水分の多い野菜（トマトなど）を加えればよいと思います。

この料理は二人でキャベツ半個、ほうれんそう一わが難なく食べられてしまいます。キャベツもほうれんそうも冷水に5分ほどつけ、シャキッとさせてから取りかかりましょう。

1）キャベツは5cm角のざく切りにし、ほうれんそうは茎と葉の部分を分けて切る。

2）しっかりふたができる鍋に**1**のキャベツを入れ、塩とEXバージンオリーブオイルを軽くふって全体をさっとあえる。すぐに蓋をして中火で全体がくったりするまで蒸し煮にする。

3）**1**のほうれんそうはでき上がり直前に茎の部分を、次に葉の部分も入れ、塩とEXバージンオリーブオイルを加えてざっと混ぜ、再びふたをして1〜2分蒸し煮にする。

キャベツに冷水を含ませずに煮る場合は、ふたをする前に水を少し加えます。ほかにトマト、にんじん、玉ねぎ、かぶなど……数え上げたらきりがないほど、ほとんどの野菜がオイル蒸しでおいしくいただけます。お好みで香りのよい黒こしょうをひいてどうぞ。

●ほうれんそうとキャベツのオイル蒸し

【材料の目安・2人分】
ほうれんそう　1わ
キャベツ　1/2個
塩　適量
EXバージンオリーブオイル　大さじ2

★写真→p209

③ ほうれんそうと切り干し大根のごまじょうゆあえ

風味豊かなごまで作る一皿です。炒りごまを使うなら、封が切ってあるものはもう一回お鍋かフライパンで、弱火で焦がさないように炒ってください。それをすり鉢かハンドミキサー（バーミックスなど）ですります。こうすると香りが引き立ち、そのぶんおいしくなります。国産の白ごまや金ごまで作ったあえごろもは、香りが抜群。炒ったごまを半ずりにしてしょうゆだけの味つけにするか、ちょっと甘みを足すかはお好みで。

水でもどした切り干し大根を、みじん切りのしょうがが入ったごまじょうゆであえて、ほうれんそうを加えた一皿です。ごま、しょうゆ、お好みで甘みの組み合わせに、しょうがの風味をきかすととてもおいしくなるので、ぜひお試しください。

1）切り干し大根はさっと水洗いし、5〜6倍の冷水に20〜30分ほどつけて戻し、よく水けを絞って4cm程度の長さに切る。

2）ほうれんそうは根元の処理をしてから、冷水に10分ほどつけて洗い、塩少々を加えた熱湯でゆで始める。色が変わったらさっと冷水につけてさまし、水けを絞り、食べやすい長さに切る。

3）しょうがは半分にし、みじん切りと針しょうがにする。炒りごまは半ずりにする。

4）ごまじょうゆの材料と**3**のしょうがのみじん切りを混ぜ、**1**の切り干し大根を入れてよく合わせたあと、**2**のほうれんそうも加えてよくあえる。

●ほうれんそうと切り干し大根のごまじょうゆあえ
【材料の目安・4人分】
ほうれんそう　1わ
塩　少々
切り干し大根（乾物）　25g
ごまじょうゆ
　炒り白ごま　大さじ5
　しょうゆ　大さじ1強
　（お好みで）砂糖　小さじ1½、またはメープルシロップ　小さじ2
しょうが　1片

5）器に盛り、好みで2の針しょうがを天盛りにする。

この料理は、もともと切り干し大根だけのごまあえでした。たくさんあった切り干し大根を、ある時しょうが入りのごまじょうゆであえてみると、なかなかおいしくて、よく作るようになった料理です。そこに「緑がほしいな」と思い、手元にあるほうれんそうを入れてみたら、ほうれんそうのやわらかい歯ざわりと、切り干し大根のちょっとシャキッとした感じの相性がよかったのです。

そんなふうですから、わざわざ考えた料理ではないのですが、思いつくままにやってみたらお気に入りになった料理の好例です。

［もう一言］おなじみ、ほうれんそうの「おひたし」と「バターソテー」をよりおいしく

ゆでたほうれんそうの定番料理といえば、「おひたし」と「バターソテー」でしょう。

どんな料理にも共通することですが、この二つの料理でもポイントはゆで加減です。ほうれんそうは火の通りが早いので、湯に入れたらよく注意していることが大切。色の変化を見逃さず、濃いきれいな色になってきたら、すぐに引き上げて指先で茎のかたさをみます。なん度もやれば加減が分かってくると思いますが、ゆですぎは一瞬の差ですから、その時間には私は電話にも出られません。

ゆでたあとは、3〜4本ずつまとめて根元を持ち、もう一方の手で葉先へ向かってほうれんそうをにぎるようにして水けを絞っていきます。この時、ほうれんそうがつぶれてしまったらゆですぎです。

ゆでたほうれんそうを「おひたし」としていただく場合、私はだし汁としょうゆを半々に混ぜてほうれんそうにかけ、軽く絞って、器に盛ります。かつお節をかけるときはかつお削り節にほんの少しのしょうゆをかけて混ぜた〝フワフワのしょうゆ味のかつお節〟をたっぷりのせます。このかつお節はしょうゆが多すぎるとふんわりとなりません。手でギュッと握ればかつお節がかたいまとまりになるものの、見た目にはフワッとしていてサラサラのかつお節、でもちょっとしょうゆ味がきいている、この状態になればかつお節の香りとうまみが引き出されています。しょうゆをほんの1～2滴入れたらかつお節を混ぜる、これをくり返して、仕上げていきます。こうするとごく少量のしょうゆでかつお節がおいしくなります。

このかつお節は、もともとお弁当用にと考えたものです。お弁当に緑の野菜をたっぷり入れたいけれど、ほうれんそうのおひたしにしょうゆをかけたのでは水けが出てしまいます。そこでしょうゆ洗いしたほうれんそうをしっかり絞って、このしょうゆ味のかつお節をたっぷり添えてあげると、味がほどよくついておいしいうえに、汁けも出ずに具合がよい。それを、ふだんのおひたしにも応用しました。

「ほうれんそうのバターソテー」もお弁当にはおなじみの料理ですが、ふつうのほうれんそうにはアクがあり、えぐみが感じられるので、必ずゆでてからバターで軽く炒めます。

忙しい朝にほうれんそうをゆでるところから始めるのは大変ですから、前の晩にあらかじめまとめてゆでておきます。このほうれんそうを、バターで炒めます。バターは焦げやすいので、弱めの火加減で調理するのがコツです。

【もう一言】最近よく見かけるスイスチャードのこと

茎が赤や黄色のスイスチャードは、最近店頭でも見かけるようになった、日本のほうれんそうや小松菜に似た葉物野菜です。イタリアではビエトラと呼ばれていて、ミネストローネやリボリータといったスープには欠かせない野菜です。とくにミネストローネには、トマトと一緒にたっぷり入れていただきます。

生のビエトラはビーツの葉に近くて、食べてみると、少し土くさくて酸味があります。若くて小さなビエトラの葉なら生でサラダに加えると、味のアクセントにもなりますし、色もさまざまです。日本でもベビーリーフの中に入っていることがあります。こういうものならサンドイッチの具にしてもおいしいです。

若いうちに摘まずに、ほおっておくと葉はごわごわして大きくなります。そうなるとスープの具としてよく煮込んで使います。

ビエトラは丈夫ですし、見た目もきれいですので、ぜひ家庭菜園でお試しいただきたい野菜です。私もベランダで一株だけ育てたことがありますが、根を残しておくと新芽が出てきて、長く楽しめます。家庭菜園でしたらちょうどいい時期のものが採りたてでいただけますし、紫色のかわいらしい花をつけるのも楽しみです。

i

滋味深い味わいでお腹の調子もよくなる根菜

にんじん、ごぼう、れんこんなどの根菜は、どれも私が大好きな野菜たちです。土の中でじっくり育ったこれらの野菜には、独特の香りや味わい、歯ごたえのよさなどの魅力があるからです。そのうえ根菜には、体を温めてくれたり、お腹の調子を整えてくれる作用があるそうですから、たっぷり食べたいものです。

そのためには、「また、これ！」とならないように、同じ素材でもまったく違う表情と味わいを持つ3品をご紹介をしましょう。飽きることなく根菜をたっぷりいただいているうちに、自然に体調も整い、気持ちのよい日をすごせるはずです。

にんじん

秋から冬にかけて、ひときわおいしさを増す根菜は、有機栽培のものを求めて、ぜひとも皮をむかずに料理するのがおすすめです。皮は中身を守るためについているものですから、皮の下の身の部分は、その野菜本来のおいしさをいちばん濃く持っています。

にんじんも例外ではありません。なるべく皮をむかずに、なるべく大きいままで、時間をかけて料理してみてください。独特のあの味と香りが、愛すべき魅力に変わっているのを感じていただけると思います。

にんじんは新鮮さや品質によって味の差がでやすい野菜です。もっとも確かな選び方は、生で食べてみること、切り口が芯の部分までしっかり赤いことを確認すること。肩の部分が緑がかったものは避けましょう。切ったときに中が白っぽく乾いたものは味わいも薄いものです。葉の切り口の軸が小さいほうが、中までやわらかい傾向にあります。

また、にんじんは葉もおいしくて栄養価が高い食材です。やわらかい葉はそのまま天ぷら、おひたし、炒め物などに。かたいものならゆでてみじん切りにし、いりごま、焼きみそを加えて、まな板の上でいっしょに包丁で刻み込みます。こうすると、おつまみに、ご飯やおにぎりの具に最適です。にんじんの葉は少し筋ばっているので、細かく叩くとおいしくいただけます。

① 鶏肉とにんじんのポトフ

にんじんをできるだけ大きく切って骨つきの鶏肉といっしょに、弱火でコトコトと、やわらかくなるまで煮ていきます。にんじんの甘みを存分に味わいたいので、甘みが逃げないように大きいまま煮込みます。大きければ大きいほどよく、できればまるごとで、しかもできれば皮つきで煮込みたいのです。時間はたっぷりかかりますが、火にかけてしまえば手間いらず。家の仕事が忙しい日のお助け料理とも言えます。

味つけは塩・こしょうだけ。玉ねぎ、キャベツ、じゃがいも、セロリなどどれを入れてもいい――と気楽に取りかかってください。

にんにくとローリエは必ず入れます。にんにくはできれば薄皮をつけたまま入れると、とろけないので長く煮てもあとで取り出せます。

1）にんじんは皮をよく洗う。好みで皮をむいたり、半切りにしてもOK。玉ねぎは皮をとり、二つか四つに切る。

2）鍋に**1**のにんじんと玉ねぎ、骨つき鶏肉、皮つきのにんにく、黒粒こしょう、ローリエを入れ、充分に材料がかぶる程度の水を加えて火にかける。

3）最初は強火で煮立ったらアクを取り、火を弱めてふたをし、コトコトと45～50分ほど煮る。途中、アクが出ていたらていねいにすくい取る。

4）にんじんがスプーンで簡単に切れるくらいにやわらかくなったら、塩を加えて味を調

●鶏肉とにんじんのポトフ
【材料の目安・4人分】
鶏骨つきもも肉（ぶつ切り）　2本分
玉ねぎ（大）　1個
にんじん　4～5本
にんにく（皮つき）　2片
黒粒こしょう　大さじ1
ローリエ　2～3枚
塩　適量

える。器に盛る前に皮つきのにんにくを取り出しておく。

②にんじんのまるごとグリル

「玉ねぎのまるごとグリル」（↓p43）もそうですが、イタリア中部では日常的な「まるごと焼く」方法は、その野菜の野生の魅力をよく伝える料理法だと思います。ここで紹介する「にんじんのまるごとグリル」もそうです。

1）にんじんはよく洗い、まるごとを皮つきのまま200〜220度のオーブンで表面に焦げ目がつくまで焼く。串がすっと通ればでき上がり。

2）食べやすく切って器に盛り、塩・こしょうをふり、EXバージンオリーブオイルをかける。

オーブンでひたすら焼くだけ。にんじん本来の甘みがより強く感じられるので、やみつきになってしまいます。オーブンの代わりにストウブや無水鍋などの厚手の鍋でもおいしくできます。

この野菜のグリルはいろいろな野菜で応用できて、いも類、ズッキーニ、かぼちゃ、ピーマンなど、時には、何種類か組み合わせて作ります。味つけもEXバージンオリーブオイルと塩を基本に、バルサミコ酢やレモンをかけたり、黒こしょうやハーブでアクセントをつけたり……。皮もむかず、オーブンに入れさえすれば、あとは時間がおいしくしてく

●にんじんのまるごとグリル
【材料の目安・4人分】
にんじん（小ぶりのもの）　4本
塩・こしょう　各少々
EXバージンオリーブオイル　適量

れる、とてもいい調理法です。この料理には白でも赤でもワインがぴったりです。

【もう一言】ミニにんじんで作る本当においしい「にんじんのグラッセ」

茨城県石岡市にある田中農園の田中庸介《やすゆき》さんは、自然農法で手塩にかけた野菜を作る、若い生産者さんです。この田中さんの作る野菜の一つに、小ぶりなにんじんがあります。夏に採れるにんじんで、ピーターラビットが食べているような形のにんじんです。

このにんじんを使ってグラッセを作ってみました（写真↓p214）。皮や根もつけたまま、耐熱皿に並べ180度のオーブンで素焼きにします。焦げ目がついたら、最後にバターとメープルスプレッドをからめて、さらに少し焼けばでき上がり。簡単な料理ですがとてもおいしく、つけ合わせではなくて、にんじんそのものを楽しむかわいらしい一品料理になりました。

もともとキャロットグラッセは、レストランで肉料理に添えられている伝統的なつけ合せです。ラグビーボールのような形に切ったにんじんをバター、砂糖、塩を加えた水で煮て、つややかに仕上げます。

それに比べると、この田中農園のにんじんのグラッセは野趣溢れる佇まい。だからこそ味わい深く、また一つにんじんの楽しみが増えたと、ひそかに気に入っている料理です。

田中農園・ペトラン
☎0299－43－2434
http://tanakanouen-petrin.com/
★私が毎日いただいている野菜は田中農園のものです。

3 にんじんのせん切りサラダ

このサラダのにんじんは千六本より少し太めに切ります。というのは、甘酸っぱいドレッシングで半日〜一日以上マリネしておくので、あまり細いとクタッとなりすぎてしまうからです。

ドレッシングの材料はEXバージンオリーブオイルにメープルビネガーと塩・こしょうです。メープルビネガーというのは、サトウカエデの樹液をぶどう酵母で熟成させて作るさっぱりしたお酢です。後味にメープルの風味がほんのり香ります。

1）にんじんはよく洗って、皮ごと千六本より太めのせん切りにする。

2）材料を合わせてドレッシングを作り、**1**のにんじんを加えて、しんなりするまでマリネしておく。

このサラダは作ってすぐより、少し時間をおくとなじんで美味しくなります。

同じ「にんじんのせん切りサラダ」でも、にんじんを極細に切って、時間をおかず、生のシャキッとしたところを味わうサラダもあります。こちらは、EXバージンオリーブオイルにレモン汁と塩・こしょうを加え、パセリを細かくみじん切りにしたものをたっぷり加えたドレッシングでいただきます。パセリのグリーンとにんじんの濃いオレンジ色の対比が目にも鮮やかです。

同じにんじんサラダでも切り方や調味料の使い方でまったく違う仕上がりになると実感できます。

●にんじんのせん切りサラダ
【材料の目安・2人分】
にんじん　2本
ドレッシング
メープルビネガー　大さじ3〜4
EXバージンオリーブオイル　大さじ2〜3
塩・こしょう　各少々

★シャキッとしたにんじんのせん切りサラダに用いるパセリ入りレモンドレッシングは、メープルビネガーの代わりにパセリ3〜4本とレモン汁大さじ3を用います。

ごぼう

ごぼうはとくに好きな野菜の一つです。日本人には古くから親しみのある野菜ですが、海外で食べたことがありません。日本ならではのごぼうの香りや歯ごたえが私は大好きです。

洗ったり切ったりされたものは一見便利そうですが、風味や栄養が失われやすく、傷みも早いので、泥つきを求めます。触ってみてハリや弾力があるものがおいしいです。

ごぼうの香りやうまみは皮の部分に多く含まれているので、皮はむかずに使います。ごぼうをシンクにねかせて置き、水を流しながら、泥や汚れをタワシでこすって落とします。切ったらすぐに酢水につけてアク抜きをしますが、多少のアクも味のうち。5〜10分以内で引き上げて、つけすぎると香りがうすくなります。

① 細切りごぼうのきんぴら

私はごくごく細いごぼうのきんぴらが好きです。この「細切りごぼうのきんぴら」は、細いせん切りにしたごぼうとごぼうがふんわりと空気を含むので、香りとともに軽やかさが楽しめる料理です。

ごぼうは斜めに長く薄切りにして、それをできるだけ細いせん切りにします。こうすると、どのせん切りの両端にも皮がついている状態にでき上がります。ごぼうは皮がおいしいので、全部のせん切りに皮をつけたくてこのように切るのです。また斜めの薄切りをせん切りにすると、ごぼうの繊維が断たれるため火の通りが早く、香りを損なわないのもよい点です。

切ったらすぐに酢水（新ごぼうならふつうの水）に5分ほどつけ、アクを取って変色を防ぎます。水けをよくきってごま油で炒め、酒としょうゆで調味します。甘みがほしければ、みりんをちょっとだけ入れるとすっきりした甘さに。種を除いた赤唐辛子の小口切りを入れると味が締まります。

1）ごぼうはタワシで洗い、斜め薄切りにしてから細いせん切りにする。すぐに酢水（分量外）に5分ほどつけて、よく水けをきる。

2）赤唐辛子は種を除き、ぬるま湯につけてから小口切りにする。

3）熱したフライパンにごま油を回し入れ、**1**のごぼうを全体に広げるようにして入れ、強めの中火で手早く炒める。

4）ほどよく火が通ったら、みりんをからめ、酒、しょうゆの順に回しかけ、**2**の赤唐辛子を加えて汁けがなくなるまで強めの中火で炒め、器に盛る。すぐに盛らないときはバットにあげておく。

うちではきんぴらはごぼうだけで作ります。ごぼうだけではちょっともの足りないというときは、肉とにんにくを入れて「肉入りごぼうのきんぴら」にします。こうすればおかずとして充分なボリュームが出ます。肉は豚肉または牛肉の薄切り肉を使いますが、少し脂身のあるほうがおいしいと思います。肉も細いせん切りにしておくとごぼうとなじみます。

●細切りごぼうのきんぴら
【材料の目安・2人分】
ごぼう（細めのもの）　1本
赤唐辛子　1本
ごま油　大さじ1〜1½
みりん　大さじ1
酒　大さじ1
しょうゆ　大さじ1〜1½
★写真↓p210

●肉入りごぼうのきんぴら
【材料の目安・作りやすい分量】
ごぼう　1本
豚（または牛）薄切り肉　100g
にんにく（みじん切り）　1片分
ごま油　大さじ1½〜2
みりん　大さじ1½
酒　大さじ1
しょうゆ　大さじ2

鍋にごま油を熱し、まず弱めの火でにんにくを炒め、香りが出たら火を強めてせん切りの肉を入れ、カリカリになるまで炒めたらごぼうも加えてさらに炒めます。全体に油が回ったら、調味料を加え、汁けがなくなるまで炒めればでき上がり。強めの中火でさっと仕上げます。

このきんぴらは、とても細く切っているのにシャキシャキ感が長く続いてへたりません。そしてフワッと盛りつけることができます。この空気感のある口当たりは、細く切っていることと、強めの火加減で短時間で水けをとばしていることによるのだと思います。

② ごぼうのつくね揚げ

この「ごぼうのつくね揚げ」はひき肉や魚のすり身に、これ以上は入らないくらい、たっぷりのささがきごぼうを入れて作ります。ごぼうとごぼうをひき肉や魚のすり身がつないでいる、そんなつくね揚げです。

この料理の場合は、ごぼうのささがきを使います。薄いささがきでもおいしいのですが、わが家ではゴツゴツした大きなささがきにして、かみごたえを楽しみます。ごぼうをガシッと噛む感じがあるくらいの大きさのささがきだと、ごぼうの香りや味がしっかり分かります。

ごぼうはアク抜きしたあと、しっかり水けをふき取ってからつくねに混ぜるのがポイン

●ごぼうのつくね揚げ(鶏ひき肉)
【材料の目安・4人分】
ごぼう　1本
鶏もも肉　1枚
A　卵　小1個
　おろししょうが　1片分
　片栗粉　大さじ1
小麦粉　適量
揚げ油　適量
辛子、しょうゆ　各少々
★写真→p213

トです。肉（あるいは魚）とごぼうをつなぐ片栗粉もぎりぎりの少量に抑えます。これでは心配と思われるかもしれませんが、よく合わせれば大丈夫、しっかり握ればまとまります。それを良質のごま油でカラッと揚げます。表面にうっすらと片栗粉をつけてもＯＫ。

肉のつくねを作るとき、鶏のもも肉か胸肉をフードプロセッサーにかけてひき肉にします。ひき肉は自分でひいてみると、よりいっそう美味。適度の粘りが出てごぼうによくなじみます。つなぎの材料といっしょにフードプロセッサーで粗めにひくだけでＯＫです。もちろん買ってきたひき肉でもよいですし、豚ひき肉でもおいしくできます。

まず、鶏のひき肉を用いた作り方から。魚介のすり身で作るときも要領はほぼ同じです。魚の場合は、しょうがが少々はぜひとも加えてください。

1）ごぼうはタワシで洗い、大きめのささがきにして酢水（分量外）に5分ほどつけてアクを抜き、ペーパータオルなどにはさんで水けをよくふき取る。

2）鶏もも肉は余分な脂を取り除いて大まかに切り、Ａの材料といっしょにフードプロセッサーに入れ、ざっと粗めにひいた状態にする。

3）ボウルに**1**のごぼうと**2**の鶏ひき肉を入れて混ぜ合わせ、種が手につかないように手を水でぬらし、食べやすい形に形作り、小麦粉を全体に薄くまぶしつける。

4）揚げ油を170度の中温に熱し、**3**のつくねをカリッと揚げる。

これを辛子じょうゆでいただきます。好みで大根おろしやしょうがじょうゆでも。

私はいわしのすり身で作る「ごぼうのつくね揚げ」も大好きです。いわしは手開きで三枚におろし、皮や小骨をつけたまま、３㎝程度に切ります。このいわしをＡの材料といっ

◉ごぼうのつくね揚げ（いわしすり身）

【材料の目安・２人分】
ごぼう　細いもの1本
いわし　2尾
Ａ　しょうがのみじん切り　1片分
　　片栗粉　大さじ1弱
青じそ　10枚
小麦粉　適量
揚げ油　適量
長ねぎ（白い部分）　1本
おろししょうが　1片分
★写真→p212

しょにフードプロセッサーにかけます。もちろん包丁で粗く叩いてもＯＫです。このすり身をボウルに入れ、大きめのささがきごぼうと混ぜますが、大きめのごぼうの場合は、すり身もやや粗めにひいたり叩いたりするほうが食感が感じられます。

いわしのつくね揚げは鶏ひき肉のつくね揚げとちょっと趣向を変え、少し平たくまとめて青じそで包んでみました。青じその色を保つために150～160度の低温の油で揚げます。お好みでねぎの小口切りやおろししょうがを添え、しょうゆをつけていただきます。

ビールやお酒にもよく合うので、ごく内輪のお酒の会には、決まってこのつくね揚げが登場します。こうやって、書いているうちに、また作りたくなってきました。

3 ごぼうの炊き込みご飯

ごぼうはうまみが出る素材なので、炊き込みご飯にしてもおいしいです。

わが家のごぼうの炊き込みご飯は、酒としょうゆ、昆布を入れて炊き上げて、その昆布も捨てずに細切りにして、ご飯に戻していただきます。好みでちりめんじゃこも混ぜますが、小魚とごぼうの相性は抜群だと思います。ですからだし汁は昆布でなくて、おいしくとった煮干しのだし汁でも美味。ごぼうはよくだしの味がしみ込むようにささがきにします。

1）米は炊く30分前にといでおく。

2）ごぼうはタワシで洗い、ささがきにして酢水（分量外）に5分ほどつけて水けをきる。

●ごぼうの炊き込みご飯

【材料の目安・2～3人分】

米　2カップ

ごぼう　1本

昆布　1枚(5㎝くらい)

酒　大さじ2

しょうゆ　小さじ2

ちりめんじゃこ(好みで)　½カップ

3）炊飯器にといだ米と2のささがきごぼう、昆布と酒、しょうゆを入れ、ふつうの水加減で炊く。炊き上がったら昆布は細切りにしてご飯と混ぜ、仕上げにじゃこも加える。

［もう一言］ビールにも玄米にもぴったりのごぼうの素揚げ

料理らしい作業といえば、切ったごぼうを素揚げにするくらいのこの一皿。こんなに簡単なのに、かみしめるほどのあとを引くおいしさです。

泥をタワシで洗い落とし、お好きなかたちに少し大きめに切って、170度くらいの中温の油で、かみごたえが感じられる程度のかたさになるまで素揚げにします。しっかりとした弾力の出る程度に揚げるのがこの料理のポイントですから、分かりにくかったら試しに少し味見をしてみてもいいですね。

揚げる前に、しょうゆとカレー粉、おろしにんにく少々をボウルに入れて混ぜておき、ごぼうの素揚げが揚がるはしから、熱いうちにジュッと入れて混ぜます。

ごぼうだけでなく、にんじんやれんこんも素揚げにして、いっしょに加えてもＯＫ。合わせ調味料もカレー粉を使わず、シンプルにこしょうとしょうゆだけでも、にんにくじょうゆだけでも、お好みなら細切りの唐辛子を加えてもおいしいので、好きな香りで楽しんでください。

これはビールのつまみはもちろん、玄米ご飯にもよく合います。

新ごぼう

ごぼうの旬は初冬から冬にかけてですが、初夏に収穫される新ごぼうは、まだ若いごぼうです。細くてやわらかく、香りがいいのが特徴で、「夏ごぼう」ともよばれる初夏の味。茎の部分が紅色で、張りのあるものが新鮮です。

同じ時季が旬のどじょうと組み合わせた「柳川鍋」には欠かせませんが、私はフレッシュ感を生かしていただくのを季節の楽しみにしています。ふつうのごぼうではけっしてそうは行きませんから、新ごぼうならではの一皿になります。

① 新ごぼうのあさつきあえ

冬のごぼうは噛みごたえがありますが、新ごぼうはまだ若くてフレッシュ感があるのが身上。酢を加えた湯でさっとゆでると美しい白色に仕上がりますので、シャキシャキ感を生かしたサラダやあえ物などにするのがおすすめです。

ここでは、白い新ごぼうに鮮やかな緑がはえる、あさつきのあえ物をご紹介しましょう。ごぼうとあさつきの風味は相性がよく、新ごぼうのおいしさが引き立ちます。

新ごぼう100グラムをタワシで洗い、長さ5cmの縦薄切りにします。それをねかせて細いせん切りにし、酢水に5分ほど晒します。これを酢少々を入れた熱湯でさっとゆで、水けをよくきってボウルに入れます。すぐに酢大さじ1⅔をふりかけ、あとは太白ごま油大さじ2、しょうゆ大さじ半分、塩少々、あさつきの小口切り5～6本分を混ぜたものを入れてあえればでき上がり。これでだいたい二人分の分量です。お酒のあてに。

②　新ごぼうの酢漬け《ピクルス》

これは一回作るとずいぶん長くもつので、なかなか重宝する酢漬けです。

切り方は自由ですが、私は新ごぼうをさっと水洗いして、すりこ木で上から叩き割ります。新ごぼうは叩くとうまく割れやすいし、こうすると表面積が広くなって、味がさらにしみ込みやすくなります。

叩いてからゆでても、ゆでてから叩いてもいいのですが、新ごぼうを、心地よい歯ざわりが残る程度に熱湯でさっとゆでることが大切。

それを熱いうちに唐辛子酢に漬けておく、それだけです。叩きごぼうがかぶるくらいの酢を注ぎ、赤唐辛子（種を除いて細い輪切りにしたもの）を好みの量と塩少々を加えた唐辛子酢。ごぼうを入れた保存容器に次々に注ぎます。

ごぼうのピクルスと思っていただいてもよく、新ごぼうで作るとおいしいもの。漬け物風に食べたり、ちょっとサラダに混ぜたり、肉や魚のつけ合わせにと、広く長く使えて重宝します。

れんこん

れんこんは不思議な野菜だな、と思います。真白な実には花びらのように並んだ穴があいているのです。口に入れると、実を食べているのか、穴を食べているのかあやふやな気持ちになって……。

さて。独特なうまみや火の入れ方で、多様な口当たりが楽しめるのがれんこんの魅力ですが、その無骨な形のわりに、美容と健康に効果のある野菜だそうです。

表面に傷や色むらのないものを選びましょう。不自然に白いものは漂白されている場合があるので、自然な肌色をしている無漂白のものを選びます。カットされたものなら断面が白く、穴のサイズが揃っているものがよい品です。穴に褐色や黒ずみがあるものは避けます。

れんこんはさっと火を通してシャキシャキの歯ごたえを楽しむか、しっかり火を通してほっくり感を味わうかで、まったく別の顔を持っています。サラダや酢れんこん、炒め物などは短時間で調理し、シャキシャキと仕上げたいもの。一方、時間をかけて仕上げる煮物や高温で揚げる料理は、ほっくり感を堪能できます。

私は皮ごと使う場合も多いのですが、皮をむく場合はピーラーで皮をむいてから好みの厚さに切ります。輪の形をきれいに出したいときは、輪切りにしてから包丁で皮をむきます。

れんこんはごぼう同様、空気にふれると切り口が褐色に変わるので、切ったらすぐに酢少々をふった酢水に5〜10分つけて、アク抜きをします。酢漬けなど真白に仕上げたい場合は、水1カップに片栗粉大さじ2〜3を溶かし、15分ほどつけてからよく水洗いして使います。

①れんこんのカリカリきんぴら

れんこんは繊維に沿って1cm角くらいの棒状に切って炒めると、シャキシャキした歯ざわりのおいしさが楽しめます。

4～5cm長さのれんこんの皮を包丁でむくときは、皮ごと使いたい長さに切って、切り口をまな板にふせ、片手でれんこんを押さえ、もう一方の手でまな板に向かって包丁を下《おろ》すように切ると安全にむけます。

1）れんこんは長さ4～5cmに切り、皮をむいて縦に1cm角の棒状に切り、酢水（分量外）に10分ほどつけてざるに上げる。

2）赤唐辛子はぬるま湯につけ、種を除いて小口切りにする。

3）鍋にごま油を熱し、**1**のれんこんを入れてよく炒める。れんこんが透き通ってきたら、Aの調味料と**2**の赤唐辛子を加え、汁けがなくなるまで炒める。

この料理の場合は皮をむくので、残った皮はにんじんの皮などといっしょにきんぴらやかき揚げなどにして余すところなくいただきます。

●れんこんのカリカリきんぴら
【材料の目安・2人分】
れんこん　中1節
ごま油　大さじ2
A　酢　小さじ2
酒・しょうゆ　各大さじ1½
みりんまたはメープルシロップ・エキストラライト　小さじ2
赤唐辛子　1本

② れんこんの肉詰め揚げ

この料理は冬本番の身のつまったれんこんを皮つきのまま使います。できれば、もっちりとした歯ごたえで甘みのある加賀れんこんで作ってみてください。

れんこんの皮はコトコトと長く煮込めばうまみが出ますし、皮ごと揚げるとこうばしく、よりおいしく仕上がります。この料理も皮つきのれんこんに、下味もつけないひき肉を詰めて素揚げします。「えっ、それだけ？」と驚かれることも多いのですが、いろいろ試して落ち着いたのがこのレシピです。皮の近くのうまみも味わいたいのでむかずに使い、ひき肉に味をつけると水分が出てカリッと揚がらないので調味もなし。けれども、れんこんのもっちりとした食感と皮の香ばしさは格別です。揚げたてを辛子じょうゆでいただくと、あと一つ、あと一つ、と箸がのびます。

●れんこんの肉詰め揚げ
【材料の目安・4人分】
れんこん(無漂白)　大1節
豚ひき肉　150g
揚げ油　適量
練り辛子・しょうゆ　各適宜

1）れんこんは無漂白のものを選んでよく洗い、水けをふいて皮のまま長さを半分に切る。
2）バットに豚ひき肉（または鶏ひき肉）を入れ、れんこんの切り口を肉にぎゅっぎゅっと押しつけるようにして、上の穴から肉が出てくるまで詰める。残り半分も同様にして詰める。
3）れんこんの上の穴から出た余分な肉を除き、皮ごと1.5～2cm厚さの輪切りにする。
4）揚げ油を170度の中温に熱し、3のれんこんを入れて両面がこんがり色づくまで揚げる。
5）油をきって器に盛り、練り辛子としょうゆを添える。

シンプルで美味しい、その代表選手のような料理です。皮をむく必要もありませんし、れんこんの穴にぎゅっぎゅっとひき肉を詰める作業を楽しみながら作ってください。

③ 叩きれんこんのドライカレー

この料理も皮つきのれんこんを使います。すりこ木などでれんこんを叩いて割り、それを油で揚げてこうばしさやうまみを引き出します。

包丁で切らずに叩き割ると、叩いた断面がカレーじょうゆとよくなじみます。一節のれんこんを大きく二つぐらいに切り、それを一つずつまな板の上にのせ、すりこ木で大きく叩いていくつかのすじ目を入れます。その割れ目を手で開くように割っていきます。

このドライカレーには玄米と決めています。玄米のかすかな甘みとこうばしさがカレーと合い、とてもおいしく感じられます。れんこんのほっこり感と、玄米のしっかりした噛みごたえの両方を楽しめるので、このメニューは〝噛む料理〟として認定したいくらいです。

1）れんこんは無漂白のものを選んでよく洗い、水けをふいて、皮をつけたまま半分の長さに切る。まな板の上に置き、すりこ木で叩いて割れめを入れ、食べやすい大きさに手で割る。

2）にんにくとしょうがは、それぞれみじん切りにする。

●叩きれんこんのドライカレー
【材料の目安・４人分】
れんこん（無漂白）　大１節
豚ひき肉　300g
にんにく、しょうが　各１片
赤唐辛子（小さいもの）　数本
ごま油　大さじ２〜３
しょうゆ　大さじ３〜４
カレー粉　大さじ３〜４
クミンパウダー、コリアンダー　各小さじ２
ローリエ、塩、揚げ油　各適量
★写真→p215

3）フライパンを熱して、ごま油、赤唐辛子、2のにんにくとしょうが、ひき肉を加えて炒める。肉がカリカリになってきたらしょうゆを加え、さらにカレー粉とクミン、コリアンダーを振り入れ、ローリエを加えてよく炒め合わせる。
4）揚げ鍋に揚げ油を170度の中温に熱し、1の叩きれんこんを入れて、こんがりとほどよい色になるまで揚げ、3の鍋に入れて合わせ、味をみて塩を加え仕上げる。
5）器に玄米ご飯（炊き方→p135）を盛り、4のれんこんカレーをかける。
このカレーには、夏なら生のトマトを混ぜたり、塩もみのきゅうりや大根を加えてもよく、じゃがいも好きな方なら、ゆでたじゃがいもを入れても美味。食欲が減退しがちな季節でも、野菜がたっぷりおいしくいただける料理としてわが家では人気です。

［もう一言］春の訪れを告げるオレンジを使ったサラダ

オレンジのサラダはシチリアの春のサラダです。ざく切りのオレンジにオリーブオイルと塩、赤玉ねぎやパセリなどを加えていただきます。フレッシュでみずみずしいオレンジ色に、待ちに待った春の訪れを感じるサラダです。

このサラダにオレンジだけでなくフェンネルやえびを混ぜれば、これはもう、立派な主菜として、パーティー料理として、彩りよくテーブルを飾る一皿になります（写真→p216）。

イタリアではいかとタコに添えられるのはレモンと決まっていますが、えびにはオレンジがつきものです。えびはゆでて殻を除きます。味つけはオリーブオイルと塩、そして味を締めるために赤唐辛子（今回はこちら）またはこしょう。赤玉ねぎの薄切りやイタリアンパセリのみじん切りも加えてあえます。

オレンジは、ここでは旬の国産のネーブルを使いました。上下を切り落として座りをよくし、皮を上から下へそぎ落とすようにしてむきます。白い部分をていねいに取り除いたら、輪切りにするか、果肉を一房ずつ取り出してどうぞ。

このオレンジの濃淡に緑をアクセントにしたサラダには、発泡系のドリンクが合います。シャンパン、スプマンテやプロセッコ（いずれも辛口の発泡白ワイン）などとぴったりの相性です。

『この野菜にこの料理』さくいん

＊印は［もう一言］や本文中に参考料理として挙げられているものです。材料によって、2か所以上に分類されている料理もあります。

素材別さくいん

【肉】

【魚介】

【卵】

【野菜】

■おそうざい

■汁物・スープ

■酒の肴・おつまみ

■その他

【海藻・乾物・加工品】

【ご飯もの・めん・パスタ】

【だし汁・その他】

野菜名50音別さくいん

有元葉子（ありもと・ようこ）
イタリア料理や和食はもちろん、おいしくて美しく、野菜をたっぷりとれるレシピで定評のある料理研究家。暮らしのスタイルにもファンが多く、雑誌やテレビ、料理教室などその活躍の場は多岐にわたる。使い勝手をとことん追求したキッチン・ツール「ラ・バーゼ」を提案、またセレクトショップ「shop281」も好評。『料理は食材探しから』（東京書籍）でグルマン世界料理本大賞・食の紀行部門でグランプリ受賞。『だれも教えなかった料理のコツ』『1回作れば3度おいしい作りおきレシピ』『ちゃんと食べてる？』（以上、筑摩書房）、『決定版253レシピ ようこそ、私のキッチンへ』（集英社）、『有元葉子の365日の献立 材料別おかず事典』（家の光協会）など著書多数。
http://www.arimotoyoko.com

撮影／竹内章雄
ブックデザイン／若山嘉代子 L'espace
構成・文／村上卿子

この野菜《やさい》にこの料理《りょうり》 大好《だいす》きな素材《そざい》を3倍《ばい》おいしく

二〇一四年九月二十五日　初版第一刷発行

著者　有元葉子
発行者　熊沢敏之
発行所　株式会社筑摩書房
東京都台東区蔵前二―五―三　〒一一一―八七五五
振替　〇〇一六〇―八―四一二三
印刷・製本　凸版印刷株式会社

乱丁・落丁本はお手数ですが左記にご送付ください。送料小社負担でお取り替えいたします。
ご注文・お問い合わせも左記にお願いします。
さいたま市北区櫛引町二―六〇四　〒三三一―八五〇七
筑摩書房サービスセンター　電話〇四八―六五一―〇〇五三

ISBN978-4-480-87877-9 C0077